Empáticos y personas altamente sensibles

Cómo aprovechar el poder de las habilidades empáticas y una guía para las personas altamente sensibles

Índice

Primera Parte: Empáticos

Desvelando el poder oculto de los empáticos y una guía para protegerse de los vampiros energéticos y los narcisistas

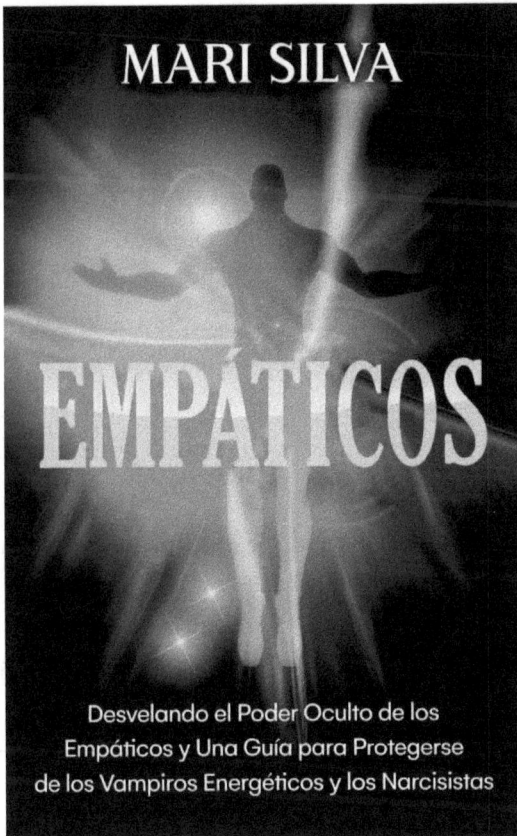

MARI SILVA

EMPÁTICOS

Desvelando el Poder Oculto de los
Empáticos y Una Guía para Protegerse
de los Vampiros Energéticos y los Narcisistas

Introducción

¿Se siente mentalmente agotado después de pasar tiempo en público? ¿Se siente emocionalmente cansado cuando se encuentra entre una multitud? ¿Es usted sensible a las emociones de los demás? ¿Siente a menudo que es diferente a los demás? ¿Le han descrito como excesivamente sensible, blando o incluso susceptible? ¿Sus emociones son magnificadas e intensas? Si su respuesta es "sí", todos estos son signos de que puede ser un empático.

La empatía es la capacidad de comprender lo que sienten y experimentan los demás. Es un don maravilloso, pero ser un empático en el mundo moderno, no es nada fácil. Usted está rodeado y expuesto a entornos e individuos que pueden sobrestimularle. Para un empático, esta estimulación puede ser abrumadora. Las personas altamente sensibles a menudo luchan para hacer frente a los estímulos externos de la vida cotidiana. Los estímulos, unidos a la energía de los demás, pueden hacer que un empático se sienta agotado. Los empáticos suelen experimentar sobrecarga emocional, fatiga mental e incluso ansiedad. Actividades cotidianas tan sencillas como ir al trabajo en transporte público o ver la televisión pueden ser un reto para los empáticos.

El primer paso es aceptar y abrazar su don. La empatía es una fuerza, no una debilidad. Una vez que haya dado el primer paso, todo estará en su sitio. Después será el momento de aprovechar su don y de reconocer que es un empático. Al apreciar este maravilloso don con el que ha sido bendecido, la vida será más fácil.

En este libro, aprenderá sobre el significado y los rasgos comunes de los empáticos, los puntos fuertes y débiles de los empáticos y los factores que afectan a un empático, como la alimentación y el entorno. Incluye información sobre la importancia de llevar una vida equilibrada y los errores más comunes que deben evitar los empáticos para tener una vida feliz y saludable. También descubrirá consejos que le ayudarán a mantener relaciones sanas y exitosas, a elegir las mejores opciones profesionales y el papel que desempeñan los empáticos en el mundo actual. Como empático, es importante aprovechar y proteger su empatía del mundo. Siguiendo las sencillas técnicas y consejos que se exponen en este libro, puede liberar sus capacidades empáticas y protegerlas de los vampiros energéticos y los narcisistas.

Entonces, ¿está usted ansioso y emocionado por aprender más sobre esto? ¿Desea descubrir las facultades ocultas de la empatía? Si su respuesta es "sí" otra vez, es hora de empezar sin más preámbulos.

Capítulo 1: ¿Qué es un empático?

El significado de persona empática, empatía y empático

¿Le afectan los sentimientos de las personas que le rodean? ¿Otros le describen como empático? ¿Quizás a veces ha percibido y sentido las emociones de los que le rodean—incluidos los síntomas físicos—como si fueran propios? Si esto le resulta familiar, probablemente sea usted un empático. Esta sensibilidad es algo con lo que solo está bendecido un dos por ciento de la población en general. Las personas empáticas suelen utilizar su intuición y sus emociones para guiar su toma de decisiones en lugar de basarse en la lógica y el racionalismo. Se trata de un símbolo de fuerza y convicción personal y es, sin duda, una señal de empatía.

Los investigadores se interesan mucho por la empatía, pero solo unos pocos estudios se han centrado en la vida de un empático. Según la ciencia, muchos creen que los empáticos tienen neuronas espejo hiperactivas. Se trata de células cerebrales responsables de los sentimientos relacionados con la compasión. Una vez que estas neuronas espejo están hiperactivas, usted se vuelve hipersensible a los campos electromagnéticos del cerebro y del corazón. Esta es quizás una de las razones por las que es intuitivo y siente profundamente las emociones de los demás.

Pasar tiempo en público o estar rodeado de personas que sufren puede hacer que un empático se agote.

La dopamina es una sustancia química que desencadena sentimientos de placer. Los empáticos con tendencia a la introversión son sensibles a la dopamina. La estimulación excesiva puede abrumar a un empático. La gran noticia es que los empáticos tienen el poder de reprogramar sus mentes para tratar y evitar los estímulos externos innecesarios y llevar una vida más feliz. Incluso si no es introvertido, la hipersensibilidad conlleva varios efectos secundarios, como la sobrecarga emocional, el agotamiento, la depresión y la ansiedad. Un empático puede sentir estas emociones complejas cuando se expone a situaciones estresantes. Como es lógico, estos síntomas mentales y emocionales pueden presentarse en forma de dolores de cabeza, aumento del ritmo cardíaco y sensación general de fatiga.

Estas cosas ocurren debido a la incapacidad de un empático para distinguir sus sentimientos, emociones y dolor de los que le rodean. Interiorizar los propios sentimientos es difícil. Imagine que tiene que lidiar con una combinación de sus emociones y las de los demás sin ser consciente de las emociones que está sintiendo. Esto provoca una agitación interna extrema, que puede presentarse en forma de síntomas físicos. Por lo tanto, todos los empáticos necesitan comprender y proteger su energía personal de los demás.

Empáticos, introvertidos, personas altamente sensibles y narcisistas

No hay dos personas iguales; cada una es única. La neurodiversidad es la responsable de esta pluralidad. Todas las personas están conectadas de forma diferente, y esta diversidad en la red neuronal determina sus características únicas. Algunos individuos son incapaces de concentrarse en las tareas debido a sus altos niveles de energía, como los que padecen TDAH, mientras que otros necesitan la estimulación ambiental y social para mantenerse ocupados, como los extrovertidos. Las personas muy sensibles, los introvertidos y los empáticos se encuentran en el extremo del espectro de la personalidad en comparación con los extrovertidos. Todos los introvertidos pueden ser excesivamente estimulados por los estímulos externos y ser sensibles a los que les rodean. Pero hay una diferencia entre los introvertidos, los empáticos y los individuos altamente sensibles. Sí, aunque estas palabras se han utilizado como sinónimos, no son lo mismo.

Introvertidos

Como se ha mencionado, las personas reaccionan de forma diferente a los estímulos externos. No muchos entienden lo que significa la introversión. Los introvertidos no detestan los eventos sociales, simplemente tienen una idea diferente de las reuniones sociales y su enfoque es distinto al de los extrovertidos. Esta diferencia se debe a una diferenciación biológica natural, a la forma en que los individuos reaccionan ante las distintas situaciones y a sus ideas de relajación. Los introvertidos se sienten sobrestimulados cuando entablan conversaciones con varias personas. En cambio, prefieren mantener conversaciones profundas y genuinas con unos pocos individuos, a diferencia de los extrovertidos, que prosperan en las multitudes. Como sus sentidos se estimulan con facilidad, tienden a agotarse y abrumarse cuando están rodeados de varias personas—al contrario que los extrovertidos.

Estos factores son la principal razón por la que los introvertidos se apartan del mundo y tienen que tomarse un descanso y recargarse. Es un error pensar que los introvertidos hacen esto por falta de confianza en sí mismos o de autoestima. En cambio, es su forma de recargar sus baterías personales. Es una reacción natural a la presión y la estimulación excesivas. Por ejemplo, ¿qué ocurre cuando alguien le ilumina los ojos con una luz muy brillante? Aunque sea solo un segundo, vuelve la cara hacia otro lado o cierra los ojos. Piense que esta luz externa es toda la estimulación a la que se enfrentan los introvertidos. ¡Tarde o temprano, necesitan apartar la mirada!

Lo hacen retirándose del mundo durante un tiempo.

Personas altamente sensibles (PAS)

Una persona altamente sensible difiere de un introvertido. La única similitud es su umbral extremadamente bajo para la estimulación externa, como los olores, los sonidos y las luces. Las PAS no disfrutan de la socialización. Al igual que los empáticos, también necesitan la soledad para recargar sus baterías después de un día agitado. La estimulación les drena la energía y sobrecarga sus sistemas internos. Las PAS pueden ser introvertidas, pero no todas las introvertidas son PAS.

Empáticos

La empatía no está restringida a un tipo de personalidad en particular. Pueden ser introvertidos, extrovertidos o incluso ambivertidos. Todos los empáticos tienden a ser muy sensibles, pero, aunque todos los empáticos son PAS, no todos los PAS son empáticos. Los empáticos no solo sienten lo que otros sienten, sino que también pueden absorber las emociones en su cuerpo. Muestran niveles extremadamente altos de compasión y empatía por los que les rodean. Al igual que los introvertidos, a los empáticos les encanta pasar tiempo solos y necesitan la soledad para mantener una sensación de equilibrio y control. Su capacidad para comprender lo que viven los demás y su perspectiva los convierte en cuidadores naturales. Tienen un innegable impulso inherente de ayudar a otras personas. Tienen el don de la comprensión y la intuición. Cuando estos se unen a la compasión, resulta obvio que necesitan ayudar a los demás.

Como puede ver, muchos empáticos, introvertidos y PAS tienden a mostrar características que se solapan. Las diferencias que los distinguen son mínimas. Una similitud que no puede pasarse por alto es su extrema sensibilidad a los estímulos externos y la necesidad de pasar tiempo a solas para recargar su energía.

Narcisistas

Si los empáticos y las PAS se encuentran en un extremo del espectro empático, los narcisistas se encuentran en el otro extremo. La gente llama narcisistas a quienes carecen de empatía. Todo el mundo sabe que los opuestos se atraen, por lo que los narcisistas se sienten atraídos por los empáticos. La falta de empatía de un narcisista lo atrae hacia aquellos con altos niveles de empatía. La naturaleza cariñosa y nutritiva de un empático le impulsa a ayudar a un narcisista. Por desgracia, la naturaleza egoísta de un narcisista solo conduce al caos. Un empático da, mientras que un narcisista no entiende los fundamentos de una relación mutua. No son solo de los narcisistas de quienes los empáticos necesitan protegerse, sino de todo tipo de vampiros energéticos. En los capítulos siguientes aprenderá a hacer todo esto.

Los empáticos y la empatía

Tener empatía y ser empático son dos cosas diferentes. Cuando alguien se describe a sí mismo como empático, significa que su corazón se vuelca en los demás. Como empático, no solo se empatiza con los demás, sino que se experimentan sus sentimientos como si fueran propios. La compasión que experimenta por los demás se debe a las neuronas espejo. El sistema de neuronas espejo es hiperactivo en un empático, por lo que puede absorber las emociones y los síntomas físicos de los demás en su cuerpo. A veces, diferenciar entre las emociones propias y las de los demás resulta cada vez más difícil para un empático.

Los empáticos experimentan diferentes tipos de sensibilidad. Por ejemplo, los empáticos físicos pueden experimentar los síntomas físicos que otros experimentan y absorberlos en sus cuerpos. Su agudo sentido de la comprensión hace que los empáticos sean sanadores naturales. Muchos empáticos son sensibles a las emociones de los demás y las captan, independientemente de si son buenas o malas, mientras que otros son incluso sensibles a la comida y muestran una sensibilidad extrema a diversos ingredientes.

La empatía es un don porque aumenta la creatividad, la compasión y el sentido de la integración. También hace que el individuo se sienta bien conectado con los que le rodean y con el mundo. Sin embargo, vivir en este estado de estimulación puede ser emocionalmente agotador para un empático. Incluso las simples interacciones cotidianas pueden ser incómodas y una fuente de estrés. Aquellos que no son conscientes de sus capacidades empáticas utilizan mecanismos de adaptación poco saludables, como la dependencia al alcohol o a las drogas o la alimentación emocional para hacer frente a los retos cotidianos. En los siguientes capítulos aprenderás más sobre los puntos fuertes y débiles de un empático.

Rasgos comunes de los empáticos

Los empáticos son individuos muy sensibles, capaces de sentir y absorber las emociones de quienes les rodean. Este es quizás un rasgo característico de todos los empáticos. Comprender y racionalizar sus sentimientos puede resultar difícil cuando necesitan seguir filtrando todo lo que experimentan. Aparte de esto, todos los empáticos comparten rasgos comunes. Si usted cree que es un empático, es muy probable que tenga los rasgos mencionados en esta sección.

Alta sensibilidad

Como se ha comentado en el apartado anterior, los empáticos son personas muy sensibles. Pero hay una diferencia entre una persona altamente sensible y un empático. Todos los empáticos son sensibles, pero no todas las PAS son necesariamente empáticas. Si alguna vez le han dicho que se endurezca o que es extremadamente sensible, es un signo de empatía. Los empáticos pueden absorber y experimentar fácilmente lo que otros sienten. Son naturalmente afectuosos y lo harán independientemente de las circunstancias debido a su naturaleza generosa.

Absorber las emociones de los demás

Los empáticos no solo entienden lo que otros están experimentando y sienten sus síntomas físicos, sino que también están altamente sintonizados con los estados de ánimo y las emociones de los demás. Los empáticos pueden sentir literalmente todo, y a veces puede ser extremo. Esta es una de las razones por las que a menudo se agotan. Absorber la negatividad de su entorno y otras emociones difíciles como la ira, la ansiedad y la tristeza puede abrumar y agotar rápidamente su energía interior. Sin embargo, no solo pueden absorber energía negativa; también pueden absorber energía positiva. Por eso los empáticos prosperan en un entorno lleno de felicidad, amor y paz. Si todo el mundo a su alrededor es feliz y emite energía positiva, un empático también experimentará sentimientos positivos.

Naturaleza introvertida

Dado que los empáticos experimentan todo lo que sienten los demás, tienden a sentirse abrumados rápidamente. Esta es la razón por la que la mayoría de los empáticos se inclinan hacia la introversión. Estar expuesto a entornos extremadamente estimulantes suele amplificar a un empático, por lo que les gusta estar solos y prefieren el contacto individual o relacionarse con grupos pequeños. Incluso si un empático no es introvertido, intenta limitar su tiempo en entornos públicos.

Muy intuitivo

La intuición es quizás una de las mayores habilidades con que cuentan los empáticos por naturaleza. De hecho, la mayoría de las experiencias que tienen en la vida son a través de la intuición, ya que pueden ver más allá de las fachadas de los demás. Les resulta fácil descifrar lo que otros sienten y experimentan realmente. Esta es la base de su intuición, por lo que es esencial que los empáticos escuchen sus sentimientos "viscerales" y mejoren sus habilidades intuitivas.

Necesitan tiempo para sí mismos

Como se ha mencionado, pasar tiempo en un entorno estimulante puede ser agotador para un empático. No es de extrañar que los empáticos necesiten tomarse un descanso de todo lo que ocurre en su vida para recuperarse. Si usted es empático, se dará cuenta de la importancia del tiempo para sí mismo. Necesita pasar tiempo a solas para recargarse y recargar sus baterías internas. También es una oportunidad para descansar de la sobrecarga emocional de los demás.

Los empáticos tienen los sentidos muy afinados y no solo absorben energía; los ruidos, los sonidos y los olores también pueden ser estimulantes. Ir a un concierto puede no ser la idea de una actividad divertida para un empático. En cambio, es más probable que un empático disfrute acurrucándose con un libro en la comodidad de su hogar. Si alguna vez ha experimentado estas situaciones en el pasado, probablemente sea un empático.

Abrumado por la intimidad

Las relaciones rara vez son fáciles y son difíciles para los empáticos. Imagínese poder experimentar y sentir lo que sienten los demás a su alrededor todo el tiempo. Es casi como una canción que no puede dejar de tararear ni sacarse de la cabeza. Ahora bien, pasar tiempo cerca de otro individuo durante periodos prolongados puede resultar obviamente agotador. Esta es la razón por la que los empáticos suelen sentirse abrumados por la intimidad. Esto no significa que a los empáticos no les gusten las relaciones íntimas, sino que les cuesta más que a otros mantenerlas. Una de las razones por las que tienen miedo a la intimidad es que a menudo sienten que van a perder su identidad o tienen miedo de ser engullidos por las emociones de su pareja. Para que un empático pueda estar en una relación, necesita dejar de lado cualquier noción preconcebida sobre la individualidad y las relaciones en general. Los empáticos son superresponsivos, y este factor, unido a su naturaleza introvertida, hace que les resulte difícil pasar tiempo con los demás.

Objetivos blandos para los vampiros energéticos

Los vampiros energéticos y los narcisistas suelen buscar personas que ofrezcan amor incondicional, apoyo y aceptación. Así, un empático se convierte en un objetivo ideal para los vampiros energéticos. Estos vampiros prosperan cuando se alimentan de la energía positiva de quienes los rodean. La sensibilidad de un empático es quizás la principal razón por la que se sienten atraídos por ellos. Los vampiros energéticos, como los narcisistas, carecen de empatía. Como humanos, las personas suelen sentirse atraídas por otras que tienen habilidades o rasgos que ellos no tienen. Por lo tanto, los altos niveles de compasión y sensibilidad de un empático lo convierten en un imán para los vampiros energéticos.

Refugiarse en la naturaleza

Una forma sencilla para que un empático se recargue de energía es pasar tiempo en la naturaleza. Ya sea dando un paseo o sentándose en el jardín, las actividades sencillas pueden ofrecerles consuelo. Si usted se siente atraído por la naturaleza, especialmente después de un día abrumador o duro, esto es una señal de empatía.

Siempre dando

Como los empáticos saben por lo que están pasando los demás y de dónde viene, les resulta más fácil comprender lo que los demás están sintiendo y experimentando en un momento dado. Por lo tanto, es natural que los empáticos sean individuos extremadamente generosos y de gran corazón. Independientemente de la situación, siempre intentan aliviar cualquier dolor o malestar que sientan los demás. Al fin y al cabo, si la energía negativa les rodea, ellos también tienden a sentirla. Tal vez se trate de una persona sin hogar en un cruce, de un bebé que llora o de un animal herido—un empático siempre trata de ayudar. En lugar de limitarse a ayudar a los demás tendiendo la mano, los empáticos también tienden a absorber el dolor de los demás. Al agotar sus reservas personales de energía, ayudan a los demás. Esta es la razón por la que los empáticos suelen ser dadivosos. Una vez más, esta sensibilidad extrema que muestran hacia todos los seres vivos de su entorno y sus alrededores los convierte en objetivos ideales para los vampiros chupadores de energía.

Ahora que ya conoce los diferentes rasgos que presentan los empáticos, es el momento de hacer un poco de auto-introspección. Repase cuidadosamente los puntos tratados en la parte anterior, dedíquese tiempo a sí mismo y deje que su intuición le guíe. Si advierte que tiene alguno o todos los rasgos mencionados anteriormente, lo más probable es que sea un empático.

Capítulo 2: Fortalezas de los empáticos

La empatía es un hermoso don, y el mundo necesita más empáticos. La empatía puede ser la clave para acabar con todos nuestros problemas y sufrimientos. Por desgracia, a menudo se considera que los empáticos son débiles e impotentes. Se les tacha de ser demasiado susceptibles e hipersensibles. Si otras personas le han dicho que se endurezca o que tenga la piel gruesa, *no* escuche ese consejo. En lugar de creer que su empatía es una debilidad que le frena, considérela una fortaleza. Sí, la empatía es su superpoder, y le distingue de todos los demás. Los empáticos son más fuertes de lo que otros creen.

Esta sección analiza la fuerza de un empático.

Imaginación

Los empáticos son increíblemente imaginativos. Dado que el mundo de las emociones es su dominio principal, pueden entender y manejarlas mejor que cualquier otro ser humano. Su capacidad para manejar una variedad de emociones simultáneamente aumenta su imaginación. En lugar de dejar que su mente racional guíe sus decisiones, la imaginación entra en juego. La imaginación le permite ver las posibilidades y oportunidades disponibles en cualquier situación que otros no pueden ver. Los empáticos son bastante creativos, ya que son soñadores. También tienen el poder de convertir sus sueños en realidad. El mundo es diferente para los demás, y usted lo experimenta vívidamente. Todos los empáticos tienen un impulso constante de crear o construir algo que ayude a los demás. Su imaginación y creatividad también facilitan la expresión de sus pensamientos, emociones y su verdadero yo. Le permite ver el mundo y la vida a la inversa de los que le rodean. La creatividad también ayuda a mejorar y fortalecer sus habilidades naturales y su empatía.

Perspectivas diferentes

Su empatía le permite no solo entender lo que sienten los demás, sino también experimentarlo. Le permite comprender mejor de dónde viene la otra persona. En lugar de permitir que las reacciones superficiales nublen su juicio, le ayuda a ver las cosas desde la perspectiva de otra persona. Un empático no tiene que intentar ponerse en el lugar de otra persona conscientemente. Su empatía le permite hacerlo de forma natural. Esto hace que sea más fácil ver las cosas desde la perspectiva de los demás y también mejora su capacidad de tomar decisiones. Le ofrece una mejor comprensión de sí mismo, de las personas con las que trata y del mundo en general.

Habilidades de resolución de problemas

Los empáticos han sido bendecidos con increíbles habilidades para resolver problemas. Tómese un momento y piense en todas las situaciones en las que otros se han acercado a usted en sus momentos de necesidad. ¿Por qué lo hicieron? Puede que haya habido otras personas a las que podrían haberse dirigido, pero le eligieron a usted. ¿Por qué piensa que esto ocurrió? Porque sabían que usted podía ayudarles a resolver sus problemas. Su imaginación y la capacidad de ver una situación desde diferentes perspectivas mejoran su capacidad de resolver problemas. Tanto si se trata de una discusión, como de una pelea, un empático puede solucionarlo.

En un mundo en el que existe la actitud de "yo tengo la razón", los conflictos son habituales. Las personas empáticas pueden ser decisivas en la resolución de conflictos y en la solución de problemas. Le permiten comprender cómo perciben la realidad las distintas partes. Puede desempeñar el papel de observador y mediador sin estar demasiado apegado a ninguna de las partes. Al identificar los factores desencadenantes y comprender los significados ocultos detrás de las palabras comunicadas, la resolución de problemas se vuelve más fácil para un empático.

Sentidos agudizados

Los empáticos pueden absorber y experimentar las emociones y los sentimientos de quienes les rodean, ya sean negativos o positivos. Por ejemplo, si pasa tiempo con personas positivas y en compañía de sus seres queridos, su cociente de felicidad aumenta. Esta mayor sensibilidad le ayuda a disfrutar de las pequeñas cosas de la vida que la mayoría de las veces se ignoran. No es necesario que haya grandes gestos para sentirse feliz. Su empatía le permite permanecer en el momento y disfrutar de la vida tal y como es. Le permite oler las rosas y no dejar que la vida pase de largo. Por el contrario, le asegura disfrutar de cada segundo de ella. Incluso pasar tiempo al aire libre puede ser revitalizante y reenergizante.

No tiene miedo de estar solo

La mayoría de la gente tiene miedo de estar sola. De hecho, es uno de los mayores temores humanos, pero los empáticos prosperan cuando tienen tiempo para estar solos. No solo les ayuda a reequilibrar sus vidas, sino que también les da la oportunidad de recuperarse. También aumenta su autoconciencia. Una vez que se aprende a estar a gusto con uno mismo, la vida se vuelve increíblemente sencilla. Cuando se empieza a pasar tiempo con uno mismo, se toma conciencia de los pensamientos, las emociones y los sentimientos. También ayuda a distinguir sus emociones de las de los demás. No hace falta ser el centro de atención para sentirse bien con usted mismo. Incluso leer un libro en casa puede ser bastante reconfortante.

Aceptar el cambio

El cambio es la única constante en la vida, y los empáticos lo entienden. Un empático sabe que el cambio es inevitable. Una vez que se acepta esto, vivir la vida se convierte en algo sencillo. La adaptabilidad garantiza que puede prosperar en cualquier situación sin dejar que se convierta en algo abrumador. Puede que no siempre le guste la situación en la que se encuentra, pero su empatía le hace aceptar la situación y seguir adelante. Como se le da bien percibir lo que los demás quieren o les gusta, le resulta más fácil entender las diferentes formas de vida. Esto le hace ser más tolerante y complaciente.

Capacidad de aceptación

La mayoría de las personas ven el mundo desde su perspectiva y suelen tener prejuicios. Puede que no se den cuenta, pero lo hacen. Sorprendentemente, los empáticos son inmunes a estos prejuicios. No asumen ni generalizan cuando se trata de los sentimientos de los demás. No etiquetan lo que otros sienten o experimentan. Mirar las cosas desde la perspectiva de otra persona le permite percibir lo que otros están sintiendo. Se empieza a pensar en los que nos rodean como seres emocionales. Así, los empáticos aceptan no solo a los demás, sino a la vida en general.

Lo mejor de un empático es que entiende y acepta a los demás tal y como son. Como empático, puede que se sienta tentado a ayudar a los demás o a arreglar una situación. Sin embargo, tiene que darse cuenta de que no puede hacer más que eso y no ir más allá. Una vez que acepta esta realidad, la vida se vuelve más fácil. Cuando usted acepta a las personas tal como son sin desear la perfección, formar y mantener relaciones se vuelve más fácil. Este es un rasgo único de un empático que lo diferencia de los demás.

Buenos oyentes

Los empáticos son grandes oyentes. En un mundo en el que todos quieren hablar, escuchar se ha convertido en un arte perdido. Afortunadamente, los empáticos son los mejores oyentes que se puede encontrar. Por eso la gente suele buscar a sus amigos o seres queridos más empáticos para hablar con ellos cuando necesitan una fuente de inspiración. A los empáticos no les asusta mostrarse vulnerables y son oyentes atentos. Estos dos ingredientes les convierten en personas increíbles con las que hablar. No solo entienden lo que dicen los demás, sino también sus razones para comportarse como lo hacen. En una vida en la que todo el mundo se siente incomprendido, el mundo necesita más empáticos. Cuando usted se muestra vulnerable ante los demás, aumenta la disposición de ellos a ser más abiertos, honestos y vulnerables.

Curiosidad sana

Los seres humanos son curiosos por naturaleza. Los empáticos son increíblemente curiosos e inquisitivos. Como empático, su curiosidad es el factor principal que lo mantiene interesado y comprometido en varios temas. La curiosidad es también un aspecto importante para mejorar la propia vida, reducir las posibilidades de soledad y mejorar la satisfacción general. La curiosidad facilita el aprendizaje. Si se sigue aprendiendo, se sigue creciendo como persona.

Ayudar a los demás

Los empáticos son sanadores naturales. Tienen una tendencia natural a ayudar y curar a los demás. Un empático puede absorber las emociones, los sentimientos o las sensaciones negativas de los demás y reemplazarlos con positividad. Como empático, probablemente ha hecho esto varias veces en su vida y ni siquiera se ha dado cuenta. Una vez que se cura a sí mismo como empático, ayudar a los demás se convierte en algo increíblemente sencillo. El sentimiento que experimenta cuando ve a alguien en problemas es su empatía en funcionamiento. Le guía en el camino y le permite hacer todo lo posible para sanar a los demás de cualquier manera.

Detectores de mentiras humanos

Los empáticos tienen un fuerte sentido de la intuición que les permite detectar las mentiras con facilidad. Son un detector de mentiras humano y pueden detectar instantáneamente cuando alguien es deshonesto. Independientemente de que los conozca o no, sus campanas de alarma internas comienzan a sonar cada vez que alguien le miente. Nunca ignore esa vocecita en su cabeza que le dice que algo va mal. Si su instinto le dice que algo va mal, es muy probable que algo vaya mal. Cuando realmente conoce lo que sienten los demás y puede ver a través de su fachada, detectar las mentiras se convierte en algo fácil.

Sea cual sea la máscara que se ponga la gente, usted puede ver su verdadera identidad gracias a su empatía. Como es más consciente de los pensamientos, las emociones y los sentimientos de los demás, resulta fácil determinar cuándo alguien le está mintiendo. Si alguien dice que está bien, pero en realidad está triste por dentro, puede detectarlo fácilmente. Nadie puede mentirle sin que usted lo sepa. Por ejemplo, si observa que un compañero de trabajo parece un poco decaído, pregúntele qué ha pasado. Puede que le diga que todo está bien, pero, como empático, puede ver a través de esta máscara y llegar a la raíz del problema. Su capacidad para detectar las mentiras le ayuda a establecer relaciones felices, positivas y exitosas.

¿Le ha sorprendido la lista de puntos fuertes de la que hemos hablado en este capítulo? Tal vez sean puntos fuertes en los que nunca se había fijado. Querido empático, usted es más fuerte de lo que cree. Los conceptos erróneos que otros tienen sobre la empatía o los empáticos no le definen. Su sensibilidad es algo brillante. La empatía es un superpoder, y los empáticos son superhéroes. Son los superhéroes que el mundo necesita desesperadamente en este momento. La forma más sencilla de perfeccionar su fuerza como empático es aceptar su empatía. Si es usted un empático, ha sido bendecido con un raro don. Acéptelo y aproveche su poder.

Antes de aprender a fortalecer y proteger su energía como empático, es importante comprender la sabiduría que ofrece la empatía. Recuérdese a sí mismo todos estos puntos fuertes cada vez que su don le abrume. Ahora que comprende sus puntos fuertes, quizá descubra que su visión de la empatía ha cambiado un poco. Es un don que debería valorar. Acepte y abrace su empatía con los brazos abiertos, y todas sus fortalezas se verán magnificadas. En los capítulos siguientes obtendrá más información sobre cómo liberar su verdadero potencial como empático.

Capítulo 3: Debilidades de los empáticos

En el capítulo anterior, se presentaron los puntos fuertes de los empáticos. Por desgracia, los rasgos que los hacen fuertes también pueden convertirse en sus debilidades. Vivir en un entorno constantemente saturado de estímulos y no poder distinguir sus emociones de las de los demás puede resultar abrumador. La sensibilidad y la empatía de un empático tienen un alto precio y a menudo son incomprendidas. En esta sección examinaremos las diferentes luchas a las que se enfrenta un empático.

Incapacidad para decir "no"

Los empáticos tienen un deseo natural y una tendencia inherente a ayudar a los que les rodean. Intentan hacer que los demás sean felices o se sientan mejor, independientemente de la situación. Este deseo hace que les resulte difícil decir "no". Como empático, probablemente siente que es su deber y su responsabilidad ayudar a todos los que necesitan su ayuda. Cuando empiece a sentirse así, complacer a los demás se convertirá en la norma. Puede que al principio esto le haga sentirse mejor, pero a la larga se vuelve agotador. Si continúa atrapado en situaciones que pueden evitarse diciendo "no", se quedará sin energía. También pueden hacer que se sienta fuera de control, al tiempo que aumentan sus niveles de estrés. Otra desventaja de la incapacidad de un empático para decir "no" es que los demás lo darán por sentado. Usted acabará disgustándose a sí mismo cuando intente complacer a los demás constantemente.

La televisión se convierte en un reto

La televisión es una fuente de entretenimiento para la mayoría de las personas. Al final de un día agotador, ¿quién no querría relajarse y ver la televisión? Pero este simple acto que otros disfrutan puede ser un reto para un empático. Dado que están en perfecta sintonía con las emociones de los demás, independientemente de si el acontecimiento está ocurriendo a su alrededor o al otro lado del mundo, los empáticos pueden sentirlo. Esto significa que ver una película de terror, un drama emocional o incluso las noticias se vuelve insoportable.

Susceptibilidad a las adicciones

Lidiar con las emociones propias es problemático. Imagínese que tuviera que vivir su vida lidiando también con las emociones, sentimientos y experiencias de todos los que le rodean. Cuando un empático no puede lidiar con sus emociones o aceptar su empatía, vivir la vida es típicamente un desafío. Esta es la razón por la que los empáticos siempre buscan un escape. Bloquear todas las emociones y sentimientos innecesarios es un mecanismo de autodefensa. Esta es también una razón por la que los empáticos son bastante susceptibles a las adicciones. En lugar de enfrentarse a su problema, buscan una vía de escape. La vía de escape más sencilla es la dependencia a sustancias nocivas como el alcohol, las drogas, el tabaco o cualquier otra conducta adictiva. En un intento de sobrevivir y preservarse, un empático desarrolla comportamientos poco saludables.

Ver a través de otros

En el último capítulo, se mencionó que los empáticos son detectores de mentiras humanos. Sienten y comprenden lo que otros dicen y pueden decidir si están diciendo la verdad. Esta es una cualidad increíblemente útil que puede utilizarse para navegar a través de la vida diaria. Pero es bastante doloroso cuando usted sabe que su amigo o un ser querido le están mintiendo. Puede hacerle sentir solitario y vulnerable en este gran mundo malvado. Incluso una pequeña mentira blanca contada por un ser querido puede ser detectada por un empático. Como son hipersensibles por naturaleza, una pequeña mentira duele mucho. También puede dar lugar a que se desconfíe de los demás. Al fin y al cabo, si sus seres queridos le mienten, ¿cómo puede confiar en ellos? Lidiar con este tipo de emociones es agotador, e impide a los empáticos formar y mantener relaciones sanas y positivas en su vida.

Cómo lidiar con la intimidad

Como se ha mencionado anteriormente, un problema común al que se enfrentan los empáticos es la intimidad. Todo empático necesita tiempo de tranquilidad. Necesitan alejarse de los demás para recargar su energía. Esto puede hacer que sea increíblemente difícil para un empático pasar tiempo con su pareja. Cuando se pasa todo el tiempo con otro individuo, se tiende a sentir lo que la otra persona está sintiendo como un empático. Cuando sus sentidos son invadidos continuamente debido a esta conexión, las relaciones se vuelven difíciles. Cuando pasar tiempo juntos se vuelve abrumador, también aumenta su necesidad de apartarse de los demás. En una situación así, una relación íntima se vuelve difícil. El universo está hecho de energía, y la energía fluye continuamente de una persona a otra. Un empático se conecta con otro individuo, lo que significa que se abre, y su campo energético es vulnerable. Esto puede abrumar a un empático, sobrestimularlo y provocar una fatiga crónica. Dado que la intimidad puede quemar a un empático, la posibilidad de intimar puede parecer aterradora.

Cuando un empático se involucra emocionalmente con su pareja, esto nubla fácilmente su juicio. Esta es también una de las razones por las que los empáticos suelen quedar atrapados en relaciones poco saludables. Son imanes para los narcisistas y otros vampiros energéticos. Este tipo de relaciones insanas drenan no solo la empatía de un empático, sino también su energía, y la compasión se convierte en una carga. Preocuparse demasiado y ser incapaz de apagar esta compasión por los demás puede hacer que se sienta cansado e inquieto. También le hace sentir que no tiene control sobre su vida. Estos factores pueden dañar cualquier relación, especialmente las íntimas en la vida de un empático.

Problemas para socializar

Los empáticos adoran la soledad porque les ayuda a obtener una sensación de equilibrio en un mundo extremadamente estimulado. Tienen problemas para socializar con otras personas de su entorno. De hecho, pasar demasiado tiempo en público puede agotar su energía, ¿por qué querrían hacerlo? La necesidad de alejarse de los demás para recargar su energía y recuperar el control de sus emociones es la razón por la que la mayoría de los empáticos se inclinan por la introversión. Su introversión es un mecanismo de autodefensa. Los empáticos necesitan mucho tiempo a solas. Por desgracia, no todo el mundo puede entender esto. También puede ser bastante complicado explicar a los demás por qué es necesario pasar tiempo a solas.

Como empático, es posible que se enfrente constantemente a una lucha interna entre querer salir y quedarse en casa. Los empáticos necesitan tiempo a solas para procesar sus emociones y dejar de absorber las de los demás. Esta es también la razón por la que se les malinterpreta como introvertidos. No todos los introvertidos son empáticos, ni todos los empáticos son introvertidos. Lograr el equilibrio adecuado entre la socialización y la soledad no es fácil. Si no lo logra, no podrá llevar una vida feliz y equilibrada.

Cansancio

A estas alturas, ya se habrá dado cuenta de que los empáticos están constantemente agotando su energía. Si la energía de un empático es como un cubo lleno de agua, cada emoción o sentimiento que absorbe de los demás hace un agujero en este cubo. El cubo se vaciará tarde o temprano. Esto es precisamente lo que les ocurre a los empáticos cuando están en el mundo. A menos que un empático aprenda a establecer y hacer cumplir sus límites personales, la empatía puede ser abrumadora. La fatiga emocional es bastante real para los empáticos. Independientemente de si se trata de felicidad o tristeza, cada emoción se ve gravemente magnificada en un empático y rodeada de emociones, y la absorción de todas estas emociones aumenta su fatiga emocional.

Se da por sentado

La incapacidad de un empático para decir "no" y su ilimitada compasión lo convierten en el blanco perfecto para todos los vampiros energéticos. Los empáticos no son inmunes a los narcisistas y a otras personas tóxicas. ¿Se acercan sus amigos y otros seres queridos a usted cuando se sienten decaídos o cansados? ¿Le han dicho otros que se sienten mejor después de pasar tiempo con usted? Esto se debe a su empatía. Como empático, usted termina absorbiendo todas las emociones negativas de los demás y regala su energía positiva. Al cabo de un tiempo, se quedará sin nada y acabará convirtiéndose en un vertedero de dolor emocional. Que lo den por sentado rara vez es agradable. Cuando esto se convierte en la norma, el estrés emocional aumenta. También puede provocar ansiedad, depresión y aislamiento.

Depresión y ansiedad

Puede que no sea cierto para todos los empáticos, pero no es raro que la mayoría de ellos luchen con un trastorno de salud mental. Debido a su alta sensibilidad a las emociones, tienen que lidiar con el estrés y las dudas. Cada emoción o sentimiento negativo que un empático absorbe de los demás es similar a recibir un golpe con un ladrillo. Si las personas negativas le rodean constantemente, recoge su energía negativa. Esta negatividad puede convertirse en problemas de salud mental como la depresión o la ansiedad crónica. No solo necesita ocuparse de sus problemas, sino también de los de los demás. Si usted vive su vida sintiendo que no encaja o que los demás no le entienden, se crea una sensación de aislamiento. Este aislamiento puede empeorar sus pensamientos negativos y aumentar el riesgo de desarrollar depresión o ansiedad como empático.

La empatía tiene pros y contras. La mayoría de los puntos fuertes que tienen los empáticos pueden convertirse en sus debilidades. Esto suele ocurrir cuando no pueden manejar su empatía o les resulta difícil equilibrar sus emociones.

Después de revisar esta lista, es posible que por fin entienda por qué lucha a diario con cosas sencillas que otros parecen disfrutar. Esto también le ayudará a estar atento a las situaciones y personas que debe evitar para protegerse. Una vez que usted abraza su empatía y aprende a aprovechar su poder, superar estas debilidades se vuelve increíblemente sencillo. En los capítulos siguientes aprenderá más sobre cómo hacerlo.

Capítulo 4: Cómo afecta la alimentación a un empático

Es necesario concentrarse en tres aspectos importantes para vivir de forma saludable y feliz: el sueño, el ejercicio y la alimentación. Un factor común que a menudo se pasa por alto es el papel que desempeña la alimentación en el bienestar mental y físico. No es de extrañar que los empáticos sean más susceptibles a los problemas relacionados con su alimentación. Sí, la dieta puede tener un efecto positivo o negativo en los empáticos. La comida es una fuente de energía y los empáticos son individuos increíblemente sensibles. Consumir una dieta incorrecta o no comer alimentos saludables puede perjudicar su bienestar general y su empatía.

¿Por qué la alimentación afecta a los empáticos?

Es posible que se haya dado cuenta de sus necesidades alimenticias son bastante singulares—por ejemplo, los estimulantes como la cafeína o el azúcar desencadenan reacciones extremas. También es posible que se haya topado accidentalmente con el hecho de que el consumo de ciertos alimentos perjudica sus niveles generales de energía. La sensibilidad a ciertos alimentos es bastante común en las personas empáticas y altamente sensibles. Esta sección examina las diferentes razones por las que la alimentación afecta a los empáticos.

Mecanismo de autodefensa

Como ya ha aprendido, los empáticos son extremadamente sensibles a sus sentimientos y a los de los demás, lo que los hace súper sensibles a las multitudes. No les gusta que les miren, y cualquier forma de atención puede hacer que sus sentidos, ya de por sí hiperactivos, se disparen. Algunos pueden encontrar la atención halagadora e incluso prosperar con ella, pero para un empático, esto simplemente empeora sus campos de energía. El cuerpo y la mente de un empático trabajan juntos para protegerse de cualquier depredador potencial. Utilizan la comida como mecanismo de supervivencia. Si dicho empático experimentó alguna forma de abuso sexual o trauma del pasado, un mecanismo de autodefensa es el aumento de peso o la obesidad. ¿Cómo se siente cuando tiene unos kilos de más? Lo más probable es que no se encuentre tan atractivo. Cuando se siente así por dentro, tiende a proyectar esta energía también al exterior. Esto reduce la posibilidad de cualquier atención sexual innecesaria o no deseada por parte de los demás.

Luchas diarias

¿Cómo se sentiría si estuviese aprisionado en un recinto estrecho con cientos de personas? Es posible que se sienta como un juguete masticable atacado con una manada de perros salvajes. Tareas sencillas como ir al trabajo en transporte público, pueden hacerle sentir como el juguete masticable mencionado anteriormente si es usted un empático. Los retos cotidianos a los que se enfrentan los empáticos aumentan su agitación emocional y espiritual. Un simple viaje en metro puede ser una experiencia insoportable y angustiosa para los empáticos. Los empáticos no solo interiorizan los sentimientos de los demás, sino que tienden a sentirlos como si fueran propios. Lo sienten en sus músculos, cuerpo, huesos y nervios. Este ataque constante de energías les hace increíblemente sensibles y les provoca mucha agitación interna. Desde esta perspectiva, un poco de peso extra actúa como una barrera natural que los protege de las energías externas que no quieren absorber.

Alergias y trastornos

Los empáticos sufren una variedad de desequilibrios hormonales, alergias, trastornos autoinmunes e incluso problemas neurológicos. Vivir en un estado perpetuamente hiperactivo de emociones, sensaciones y toxinas ambientales puede estresar su cuerpo físico. Esto, a su vez, hace que el sistema inmunológico se ponga en marcha. Cuando el sistema inmunológico no funciona normalmente o empieza a atacarse a sí mismo, se producen alergias y trastornos autoinmunes. Estos dos trastornos también están relacionados con la alimentación que se lleva.

Consumir comidas sanas y saludables en lugar de alimentos procesados y refinados ayuda a restablecer el equilibrio de su cuerpo físico. A menos que su cuerpo y su mente estén sanos, no podrá mantener su salud general. Existe una relación innegable entre estas dos cosas y sus elecciones alimentarias son importantes. El gluten presente en cereales como el trigo o la cebada puede provocar la pérdida o el aumento de peso en los celíacos. Los alimentos que provocan reacciones inflamatorias como las alergias pueden favorecer la retención de líquidos en el organismo. Si se toma un momento y piensa en ello, la mayoría de las susceptibilidades alimentarias que experimenta pueden deberse a su incapacidad para lidiar con todas las emociones que experimenta. El estrés es otro estimulante que impide que su cuerpo funcione de forma óptima. Si su cuerpo no puede funcionar de forma óptima, ¿cómo puede estar sano su sistema inmunológico?

Conducta alimenticia emocional

Cuando se siente mal, ¿le apetece comer algo azucarado? ¿Le apetece comer comida chatarra cuando se siente mal? Esta es una forma de conducta emocional. Los empáticos que no han aprendido a manejar su empatía evitan que otras energías superen su lucha por llevar una vida equilibrada. Puede desencadenar dificultades emocionales como la ansiedad o la depresión. Durante estos momentos de gran carga emocional, la comida es una gran válvula de escape. Recurrir a alimentos reconfortantes ayuda a calmar su malestar. Cuando usted está constantemente abrumado emocional, física y espiritualmente, se hace difícil controlar sus niveles de estrés.

La forma más sencilla de superar el estrés es aceptar su empatía y tomar medidas para proteger su energía personal de los demás. En los siguientes capítulos aprenderá más sobre cómo protegerse y aprovechar sus habilidades. Por ahora, tómese un tiempo para la autointrospección. Anote todas las veces que ha experimentado una emoción poderosa que le ha hecho querer comer. Si lo hace con frecuencia, es una señal de que no está manejando muy bien su don como empático.

Un sentimiento de alienación

Los problemas de imagen corporal de un empático no tienen que ver solo con el aumento o la pérdida de peso. Por el contrario, se asocian con el sentimiento de alienación de su ser físico. Cuando su cuerpo se convierte en una jaula que atrapa todo tipo de energías, sentimientos y emociones, aumenta el sentimiento de disociación. Cuando usted se siente disociado de su cuerpo, cuidar de su salud se vuelve sumamente difícil. Se cree que muchos empáticos tienen la imagen mental de que son energía atrapada en su cuerpo.

Imagine cómo se sentiría si no se sintiera cómodo en su propia piel. Su cuerpo se convierte en una prisión, una que es demasiado blanda, rígida, amplia, pequeña o apretada, atrapando todas sus energías. Incluso si el cuerpo de un empático es ideal según los estándares sociales, se siente terriblemente mal. Ha habido casos en los que individuos altamente sensibles y empáticos han desarrollado bulimia nerviosa porque se sentían ligeros y cerca de la verdadera fuente de energía cuando estaban increíblemente delgados.

Cansancio y fatiga general

El estrés puede empeorar cualquier problema de salud física que ya se experimente. Los empáticos suelen sentirse fatigados después de un día normal de trabajo. Incluso tareas sencillas como ir al trabajo, pasar tiempo con otras personas o salir a comer pueden resultar agotadoras. Cuando usted es constantemente bombardeado por el estrés en todas las direcciones y en las actividades que realiza, vivir la vida se vuelve difícil. Esta sensación general de agotamiento no deja mucho tiempo ni energía para el autocuidado.

Otro problema común que sufren los empáticos es la culpa. La culpa puede inducir mucho estrés si no se controla. Los empáticos priorizan el bienestar de los demás sobre el suyo propio. Al fin y al cabo, sienten lo que otros sienten, y si los demás son felices, ellos también lo serán. Esto puede parecer una buena idea, pero lo único que hace es empeorar el estrés que experimentan. El agotamiento diario no les deja energía para pensar siquiera en su propia salud física o en su felicidad. ¿Cómo puede siquiera contemplar la idea de ir al gimnasio o correr cuando no le queda energía? Este agotamiento general puede provocar un aumento de peso.

Superar las adicciones y el consumo de alimentos

Los atracones de alimentos poco saludables son una salida fácil. Le da una sensación de comodidad y satisfacción. Después de repasar las razones expuestas en la sección anterior, resulta obvio por qué los empáticos son susceptibles a las adicciones y a comer en exceso. Una razón común por la que las dietas fracasan en individuos altamente sensibles como los empáticos es que no suelen ser conscientes de las razones por las que comen. No son conscientes de los factores que pueden desencadenar su adicción a la comida y a comer en exceso. Para determinar si tiene una relación poco saludable con la comida, aquí hay algunas preguntas que debe responder:

- ¿Tiende a comer en exceso cada vez que se siente abrumado?

- ¿Los carbohidratos, el azúcar y todo tipo de comida basura procesada calman cualquier malestar que experimenta?

- ¿Experimenta algún cambio de humor o fatiga mental cuando consume comida chatarra?

- ¿Es usted extremadamente sensible a los efectos de los alimentos?

- ¿Padece alguna alergia o intolerancia alimentaria hacia ingredientes comunes como la soja, los lácteos o el gluten?

- ¿Se siente con energía y feliz cuando consume comidas sanas y saludables?

- ¿Es usted más propenso a sentirse estresado cuando está delgado?

Tómese el tiempo necesario para responder a estas preguntas con sinceridad. No tiene que preocuparse, incluso si su respuesta es "sí" a la mayoría de ellas. Sus respuestas le permitirán conocer mejor sus patrones de alimentación poco saludables. Una vez que conozca sus factores desencadenantes, será más fácil afrontar el problema sin recurrir a mecanismos de defensa poco saludables.

Ahora, eche un vistazo a los sencillos consejos que puede utilizar para sustituir los patrones de alimentación poco saludables por otros más sanos.

El agua es esencial para su salud y bienestar general. Se recomienda beber al menos ocho vasos de agua al día. Esta bebida sin calorías no solo quita la sed, sino que también ayuda al cuerpo a expulsar las toxinas. En cierto modo, el agua le purifica desde el interior. Siempre que se vea expuesto a energías negativas o se sienta estresado y agobiado, beba agua filtrada. El agua también tiene un efecto purificador cuando se utiliza externamente. Un baño puede calmar su cuerpo y su mente y eliminar cualquier impureza, así que no dude en bañarse cada vez que se sienta superado por el estrés de su vida diaria.

En lugar de recurrir a la comida para consolarse, aprenda a lidiar con su ansiedad. Empiece a prestar atención a cómo se siente cuando come ciertos alimentos. Anote mentalmente los tipos de alimentos por los que se inclina cuando está abrumado o experimenta una confusión interna. Así podrá comprender mejor sus patrones de alimentación. Una vez que identifique sus patrones de alimentación perjudicial o poco saludable, será más fácil sustituirlos por otros más positivos.

Siempre que se sienta estresado, haga una pausa en lo que esté haciendo y concéntrese en su respiración. Visualice que está inspirando energía positiva y expulsando la negativa. Su respiración es increíblemente purificadora y ayuda a eliminar las toxinas.

Se cree que las proteínas pueden ayudar a estabilizar la energía de un empático y tienen un efecto de conexión con la realidad, así que aumente su consumo de proteínas. No es necesario que busque una fuente de proteínas de origen animal, ya que hay muchas opciones vegetarianas fácilmente disponibles. Asegúrese de consumir proteínas con cada comida, ya que esto le ayudará a restablecer su equilibrio energético.

Aumente su consumo de verduras y frutas saludables. Si tiende a comer en exceso o a ganar peso con facilidad, preste atención a los alimentos que consume. Sustituya los carbohidratos poco saludables por los saludables presentes en las verduras y la fruta.

Estos ingredientes también son ricos en varias vitaminas y nutrientes que su cuerpo necesita para funcionar eficazmente. Una vez que cuide su salud física, su salud mental mejorará automáticamente. Cuando se está físicamente en forma y se es activo, la lucha contra la ansiedad se hace más fácil. Cuando se llena de alimentos saludables, se reducen las posibilidades de comer en exceso o de darse un atracón de comida chatarra poco saludable.

Si está de viaje o va a estar rodeado de otras personas, asegúrese de no tener hambre. No permita que sus niveles de azúcar en la sangre bajen. Los niveles bajos de azúcar en la sangre aumentan su susceptibilidad a las emociones y sentimientos externos. También pueden afectar su estado de ánimo, así que consuma al menos tres comidas diarias y nunca se las salte.

La comida es una fuente de energía, y si no le presta atención, provoca un agotamiento energético. Desarrolle hábitos dietéticos saludables que reduzcan su sensibilidad en lugar de empeorarla.

Observe la energía de los alimentos

Los empáticos son sensibles a la energía, y esto incluye la energía de los alimentos. ¿Le parece absurdo? Bueno, he aquí un sencillo ejemplo para poner las cosas en perspectiva. Piense en un escenario en el que usted cocinó una comida mientras se sentía extremadamente estresado o agitado. La comida que prepara absorbe la energía que emite. Así que, cuando consume una comida que ha absorbido emociones negativas innecesarias, lo más probable es que se sienta peor que antes. Aprenda a ser consciente de sus emociones mientras cocina. Todo en el mundo está hecho de energía. Esta energía está constantemente interactuando y cambiando, sin ser destruida.

Algunos empáticos son extremadamente sensibles al dolor y al sufrimiento de los animales. Sí, todos los empáticos son sensibles, pero muchos son más sensibles que otros. Si estos empáticos consumen algún alimento de origen animal, podrían experimentar e interiorizar el sufrimiento del animal. Esto ciertamente les quitará el placer de comer y convertirá la comida en una experiencia perturbadora. Si alguna vez se siente así, opte por una dieta basada en plantas. Llénese de verduras y frutas frescas, frutos secos o semillas, y cereales integrales.

Como los alimentos contienen energía, las vibraciones energéticas de los distintos ingredientes varían. En el punto anterior, se mencionó que las energías negativas absorbidas por los productos animales—debido a la tortura y toxicidad que soportaron en su vida—podrían transferirse a usted cuando los consuma. Del mismo modo, los productos ecológicos aumentan su sensación de estar conectado a la tierra. Por ejemplo, consumir frutas y verduras ecológicas le hace sentirse más centrado y con los pies en la tierra. También mejora su salud física y su bienestar. Los alimentos ecológicos o los alimentos de origen vegetal tienen una energía más vibrante que los de origen animal. Intente optar por alimentos bajos en gluten y que no contengan o tengan niveles muy bajos de azúcares refinados. Consuma más alimentos crudos que cocinados para aumentar la energía positiva de su cuerpo.

Aprenda a ser más agradecido por los alimentos que consume. Una vez que exprese su gratitud, aumentarán los sentimientos positivos asociados a ellos. Agradezca todo el esfuerzo que ha supuesto cocinar la comida. Además, no se olvide de expresar su gratitud a todos los que han puesto esa comida a su disposición. El agradecimiento genuino es una herramienta increíblemente poderosa que aumenta sus vibraciones energéticas mientras envía energía positiva al universo. Usted recibe lo que da, así que sea consciente de la energía que regala. También contribuye a formar un vínculo más fuerte con los alimentos que se consumen y mejora los niveles de energía.

No solo debe prestar atención a la energía presente en los alimentos, sino también a la energía de su cuerpo para la digestión. ¿Sabía que ciertos alimentos tardan más en ser digeridos y consumen gran parte de su energía? Se cree que las carnes animales, especialmente las rojas, son increíblemente difíciles de digerir. Las verduras y la fruta se pueden digerir en una hora, mientras que la carne y otros alimentos de origen animal pueden tardar varias horas. Durante este periodo, el cuerpo utiliza sus reservas internas de energía para ayudar a digerir y absorber los alimentos que consume. Como empático, es importante mantener los niveles de energía interna. La vida es agotadora, y si su cuerpo utiliza más energía de la disponible para digerir los alimentos que ingiere, se sentirá agotado. Así que opte por alimentos fáciles de digerir y ricos en nutrientes para mejorar los niveles de energía de su cuerpo.

Siempre que cocine, asegúrese de estar de buen humor. Manténgase presente en el momento y olvídese de todo lo demás. Aprenda a cocinar con el corazón, y la comida no solo sabrá mejor, sino que será más nutritiva. Aprender a estar en el presente y ser consciente es también importante para su crecimiento espiritual y emocional. Le ayuda a traer paz y calma a usted y a su entorno en general.

Ensaye la atención plena aprendiendo a saborear y a comer despacio. No se apresure y no lo engulla de una sola vez. En su lugar, tómese su tiempo y concéntrese en la comida que consume. Mientras coma, elimine todas las distracciones para aumentar su atención. Saboree y disfrute de los diferentes sabores y texturas de los alimentos que consume. Mastique lentamente y ayude a su cuerpo a absorberlo mejor.

Como ya hemos dicho, opte por más alimentos de origen vegetal, como las legumbres, los cereales integrales, las verduras crudas, la fruta fresca, los frutos secos y las semillas. Empiece a limitar o eliminar de su dieta los productos lácteos, las carnes animales, el gluten, los azúcares refinados, la cafeína y el licor. El alcohol y la cafeína son estimulantes neuronales. Contrariamente a la creencia popular, no mejoran el estado de ánimo, sino que actúan como depresores naturales. Una vez que haya superado el subidón del estimulante, el bajón que sigue es bastante problemático. Como empático, es más sensible a estos cambios de energía que otros. Eliminar el alcohol y la cafeína de su dieta es una gran manera de mejorar su salud en general. Por otra parte, esto favorece la calidad de su sueño nocturno. Además de estos dos estimulantes, otro del que no debería depender es la nicotina.

No existe una dieta perfecta que se adapte a todo el mundo. La clave es experimentar hasta que se sienta mejor consigo mismo. Preste atención a cómo se siente su cuerpo cuando consume alimentos específicos. Lleve un diario de comidas para anotar todas sus observaciones. Hágalo durante unas semanas y captará el efecto. Una vez que examine sus observaciones, se dará cuenta de que ciertos alimentos mejoran sus niveles de energía mientras que otros los agotan. Empiece a incluir más alimentos que ayuden a su energía y elimine los que la merman. Al eliminar de su dieta los alimentos que desencadenan la inflamación, como el gluten, los lácteos y los alimentos fritos, verá un cambio positivo en su salud física y su bienestar. También reducirá su sensibilidad a los alimentos y cualquier problema digestivo. La alimentación limpia tiene muchas ventajas—desde una mejor digestión hasta una piel más limpia y mayores niveles de energía.

Al hacer cualquier cambio en su dieta, sea paciente con usted mismo. Su cuerpo necesitará tiempo para acostumbrarse. Una vez que lo haga, verá un cambio positivo en usted. Además, no permita que los demás le desanimen. Dar prioridad a su bienestar no es egoísta, y no deje que nadie le diga lo contrario.

Capítulo 5: Cómo afecta el entorno a un empático

El entorno puede afectar su estado de ánimo, sus niveles de energía y su comportamiento en general. ¿Cómo se siente cerca de sus seres queridos? ¿Cómo se siente en una habitación llena de gente? ¿Cómo se siente cuando su entorno está desordenado y cargado? En diferentes situaciones, sentirá y experimentará cosas diferentes, por lo que, como es lógico, todo lo que le rodea puede afectar de forma drástica a su sensación general de bienestar. A menos que se sienta perfectamente cómodo en su entorno, no podrá prosperar. En este capítulo, aprenderá cómo su entorno afecta a su empatía, el amor de un empático por la naturaleza, el efecto de la naturaleza en los empáticos y la creación de entornos óptimos en el trabajo y el hogar.

Efecto del entorno en los empáticos

Todo el mundo se ve afectado por su entorno, pero esto es más importante para los empáticos y las personas altamente sensibles. Su alta sensibilidad a la energía puede actuar como un desencadenante emocional que desata una cascada de síntomas de estrés y sobrecarga emocional. Esta sección examina cómo pueden afectar a un empático algunos aspectos sencillos de su entorno.

Desorden

El desorden es mentalmente agotador y agobiante. Cuando uno se ve inundado por el desorden, resulta difícil pensar de forma clara y racional. También aumenta la sensación de fatiga mental y provoca cambios de humor. Por ejemplo, ¿cómo se siente cuando está rodeado de trastos? Es difícil sentirse cómodo o en casa cuando está rodeado de cosas que no necesita. Eliminar el desorden físico es una buena manera de eliminar el desorden mental de su vida. Este es quizá uno de los motivos por los que las personas pueden concentrarse mejor cuando se encuentran en espacios limpios y organizados. Si su mesa de trabajo está llena de objetos que no necesita, archivos que no utiliza y otros trastos, ¿cómo puede pensar con claridad?

Un entorno desordenado también puede hacer que se sienta desmotivado y desinteresado. Un entorno limpio y ordenado fomenta el crecimiento y le mantiene motivado. La mayoría de las personas evitan cualquier tarea o problema difícil porque no les gusta sentirse abrumados. Se trata de un rasgo humano básico que permite optar siempre por el camino de menor resistencia. Si su entorno está desorganizado y lleno de trastos, concentrarse en las tareas importantes también resulta difícil. Por ejemplo, si está trabajando en una tarea específica, pero su espacio de trabajo está desordenado, con archivos de casos anteriores o recordatorios de otras tareas, su mente se distrae constantemente. Si no puede concentrarse en la tarea que tiene entre manos, el estrés mental y la preocupación aumentan. Esto, a su vez, le impide completar las tareas requeridas y aumenta la carga.

Espacios abarrotados

Los espacios abarrotados son increíblemente agotadores para un empático. Cuando la gente le rodea constantemente, está absorbiendo inconscientemente sus energías, emociones y sentimientos. Como empático, tiende a sentir estas emociones como si fueran suyas. Incluso puede que las experimente en su cuerpo. Cuando usted está rodeado de gente todo el tiempo, y le resulta difícil liberarse de este constante intercambio de energía, puede sentirse rápidamente abrumado y cansado. También aumenta el estrés que experimenta. Un empático necesita tiempo a solas para recuperarse después de pasar mucho tiempo en espacios abarrotados.

Espacios de vida compartidos

El espacio vital compartido no es una condición ideal para los empáticos. Dado que desean la soledad, el espacio compartido puede convertirse en un obstáculo. Cuando se trata de un entorno ideal en el hogar o en el trabajo, un empático necesita espacio personal física y mentalmente. Necesita un área para descomprimirse y disfrutar del tiempo lejos de los demás. La ausencia de un refugio seguro puede hacer mella en la sensación general de bienestar de un empático.

El amor de un empático por la naturaleza

La necesidad de un empático de disponer de tiempo a solas para descomprimirse y cuidarse es mayor que la de otros. Vivir en un estado constante de sensación de agobio es agotador, física, mental y emocionalmente. Como esto es lo normal para los empáticos, necesitan un descanso de todo ello. La solución más sencilla a este problema es pasar tiempo en la naturaleza. He aquí las diferentes formas en que la naturaleza ayuda a los empáticos.

Restablece su cuerpo y su mente

Disfrutar de la belleza de la naturaleza y empaparse de toda su gloria y calidez ayuda a distraer la mente de todos los asuntos y problemas a los que está expuesto. Le permite liberarse de la carga emocional de los demás. Dispone del tiempo y el espacio necesarios para procesar y comprender *sus* emociones y sentimientos. En cierto modo, pasar tiempo al aire libre ayuda a restablecer el cuerpo y la mente. También es un medio increíble para la auto-introspección. Dado que un empático no puede apagar su sensibilidad, tomar un descanso de la fuente de estimulación es una gran idea. La forma más sencilla de hacerlo es alejarse del ajetreo de la vida cotidiana de la ciudad y salir al aire libre.

Cuando los demás le rodean constantemente, se hace difícil comprender qué emociones puede estar sintiendo. Al retirarse a la naturaleza, por fin tiene la oportunidad de escuchar sus pensamientos, sentimientos y emociones. Cuando usted suelta la negatividad en la naturaleza, se crea más espacio para dar cabida a la positividad.

Poder curativo

Hacer ejercicio en la naturaleza tiene un efecto curativo no solo para los empáticos, sino para cualquier persona. Cuando hace ejercicio, su cuerpo elimina las toxinas y crea espacio para más energía positiva. Sin embargo, si hace ejercicio en el gimnasio o está rodeado de gente mientras hace ejercicio, absorbe más energía negativa. Es bastante parecido a hacer una limpieza de zumos para eliminar toxinas y a darse un atracón de alcohol. Cuando hace ejercicio en la naturaleza o al aire libre, no hay toxinas ni contaminantes. Todo lo que queda para que su cuerpo absorba es la bondad presente a su alrededor.

Efecto de conexión a tierra

El elemento Tierra está asociado a un efecto de conexión a tierra. Pasar tiempo al aire libre y en estrecha conexión con la Tierra tiene efectos positivos en el bienestar general. Todos los seres humanos están hechos de átomos. Cada una de las células del cuerpo está formada por átomos. Los átomos están llenos de partículas con carga positiva y negativa conocidas como protones y electrones. Los átomos tienden a perder sus electrones cuando se exponen a periodos prolongados de estrés, inflamación, traumatismo o incluso a un entorno tóxico. Estos electrones se convierten en radicales libres que desencadenan la inflamación y causan desagradables condiciones de salud. La forma directa de contrarrestar y neutralizar los efectos nocivos de estos radicales libres es a través de los antioxidantes. ¿Sabía que el campo electromagnético de la Tierra es un antioxidante? Cuando pasa tiempo en contacto con la energía curativa de la Tierra, su positividad es absorbida por su cuerpo. Esta energía elimina el estrés causado por los radicales libres y ayuda a calmar el sistema a nivel celular. El simple hecho de caminar descalzo por el suelo o sentarse a meditar bajo la sombra de un árbol puede tener un efecto calmante en el cuerpo y la mente.

Calmante y relajante

Escuchar el susurro de las hojas, el repiqueteo de las gotas de lluvia, el sonido de las olas, el canto de los pájaros y el crepitar del fuego es muy relajante. La mayoría de la gente utiliza estos sonidos de la naturaleza para conciliar el sueño o meditar. ¿Por qué? Porque son suaves y calmantes en lugar de los ruidos estridentes de la vida cotidiana. Vivir en una ciudad significa que todos los sentidos están constantemente estimulados, ya sea mediante el sonido, la vista o los olores. Vivir en un estado de hipersensibilidad es agotador y extremadamente estresante. Con el paso del tiempo, puede aprender a desconectar los ruidos externos, pero eso no significa que esos ruidos no estimulen sus sentidos. Como empático, su hipersensibilidad hace que sea difícil encontrar el ambiente relajante que desea en una ciudad abarrotada. Por eso, pasar tiempo en la naturaleza, como sentarse junto a un lago, un río o el océano, o acampar en el bosque, puede calmarle.

Repone su energía

Todos los empáticos están naturalmente predispuestos a ayudar a los demás. Su naturaleza generosa significa que siguen dando, dando y dando más. No lo hacen porque quieran, sino porque están programados biológicamente. En su intento de hacer del mundo un lugar mejor, los empáticos agotan sus recursos energéticos personales. Hacer esto constantemente le llevará a un punto de quiebre. Ya sea con sus amigos, con sus seres queridos o como voluntario en una organización benéfica, no hay mucho que pueda dar. Una vez que se alcanza el punto de quiebre, es esencial reponer la energía para funcionar de manera óptima. Al fin y al cabo, ¿de qué puede servir a los demás si no puede ayudarse a sí mismo?

Ponerse en primer lugar no es un signo de egoísmo. Para un empático, hacer esto puede desencadenar un ataque de culpabilidad. No hay que trabajar siempre para servir a los demás. Pasar tiempo en la naturaleza es como si el universo le permitiera ser usted mismo. Le da la oportunidad de centrarse en sí mismo y en sus energías en lugar de en los demás. Puede recargar su energía sin sentirse culpable mientras hace algo que le gusta.

Un descanso del mundo moderno

El ajetreo de un mundo frenético y exigente es realmente agotador. No es de extrañar que los empáticos anhelen una vida sencilla que no abrume sus sentidos. Las personas se ven asaltadas con frecuencia por las notificaciones de las redes sociales en diferentes dispositivos electrónicos y otras distracciones. La sobrecarga constante de los sentidos es agotadora. Quizás el descanso más sencillo que un empático puede obtener del mundo moderno es retirarse a la naturaleza. Incluso pasar treinta minutos en la naturaleza puede renovar la energía de un empático. Tomar el sol, escuchar los sonidos de la naturaleza y pasar un rato rodeado de belleza suena más atractivo para un empático que quedarse en casa encadenado a varios aparatos.

Después de revisar esta lista, puede que por fin comprenda su amor y afinidad por la naturaleza. La naturaleza no solo cura, sino que fortalece y da energía. Ayuda a eliminar cualquier rastro innecesario de energía y repone todas las cosas positivas y deseables.

El efecto de la Luna Llena

La naturaleza le permite a un empático sentirse en paz. Los fenómenos naturales como la luna llena o incluso los desastres naturales afectan a los empáticos. Se cree que la luna llena es increíblemente poderosa. No solo la mitología y el folclore apoyan esta afirmación, sino que incluso la ciencia la respalda. Por ejemplo, en la antigua Grecia, se creía que la luna llena era la diosa Artemisa, y en el antiguo Egipto, se encarnaba como la diosa leona Bastet. En Hawái, la luna llena se conoce como la diosa Mahina, y los paganos creen que la luna es la responsable de cuidar el paso del tiempo y los diferentes círculos de la naturaleza. Ahora bien, antes de que lo tachen de mitos o mitología, fíjense en lo que la ciencia moderna tiene que decir al respecto. La ciencia ha demostrado que las mareas oceánicas están gobernadas por este satélite de la Tierra—la Luna.

Este constante flujo y reflujo de los ciclos naturales afecta al cuerpo humano y a las emociones. Puede que no se haya dado cuenta, pero todo el mundo es sensible a los ciclos naturales. Como empático, usted es más sensible a esto de lo que probablemente haya pensado. La luna afecta el ciclo natural del agua. Alrededor del 70% del mundo está hecho de agua, al igual que el cuerpo humano. El agua está asociada a los sentimientos, las emociones y es una fuente de intuición, por lo que los empáticos se ven influidos por las diferentes fases de la luna. La más importante de todas es la luna llena. Cuando la luna está en su punto más brillante, resulta más poderosa. La luna llena aumenta su sensibilidad habitual, su intuición y le hace ser muy consciente de las energías que le rodean. Quizás sea el momento perfecto para practicar un ritual de autocuidado. Utilice la luna llena para aprovechar su empatía y fortalecerla mientras se protege de las energías negativas.

Trabaje con cristales para el amor propio, como la amatista, el cuarzo rosa y la malaquita en luna llena. Busque un lugar tranquilo para usted, preferiblemente al aire libre, para absorber la energía radiante de la luna. Sostenga el cristal elegido en sus manos y medite. Pida al universo que le guíe y le ayude a absorber las energías curativas que emiten estos cristales, al tiempo que se deshace de energías indeseables. Ciertas plantas como el jazmín, el cardamomo, el enebro y el incienso refuerzan su energía personal porque resuenan fuertemente con los ciclos energéticos de la luna. El uso de aceites esenciales derivados de estas plantas también puede ayudar. Practicar ejercicios sencillos de yoga o incluso salir a correr por la noche puede ayudar a regular su reloj biológico interno y promover la relajación y el sueño.

El efecto de las catástrofes naturales

Las catástrofes naturales son acontecimientos desafortunados y a menudo provocan la pérdida de vidas humanas y recursos y dejan un rastro de destrucción a su paso. Ya sea un terremoto, un tsunami o una erupción volcánica, las catástrofes naturales son difíciles, aterradoras y agotadoras. ¿Se pregunta cómo se asocia esto a un empático? En la primera parte, explicamos que la naturaleza ayuda a un empático a sanar y a sentir una sensación de paz interior. Cuando la naturaleza se altera, la sensación de paz interior de un empático también se altera. Dado que estos individuos son únicos y pueden comprender las perspectivas y las luchas que atraviesan los demás, se vuelven más sensibles a las catástrofes naturales. Las víctimas de un acontecimiento catastrófico viven en un estado de miedo. "¿De dónde saldrá mi próxima comida?" "¿Tenemos suficientes medicamentos?" o "¿Cómo viviremos después de este desastre?" se convierten en las preocupaciones más apremiantes de las víctimas. Como empático, es probable que usted también haya sentido estas emociones. ¿Quizás incluso las ha experimentado como si fueran suyas?

Tanto si vive en la zona afectada por una catástrofe natural como si no, su corazón está con las víctimas. Una actividad tan sencilla como ver las noticias o leer sobre ellas en los periódicos puede ser problemática para los empáticos. Se convierte en una fuente de estrés intenso. Como empático, querrá ayudarles en todo lo que pueda. Después de todo, su tendencia inherente es aliviar el sufrimiento de alguien. Todo el mundo tiende a sentirse impotente cuando está atrapado en situaciones que no puede solucionar o sobre las que tiene poco control. Esto aumenta la sensación de descontento y le hace sentir totalmente fuera de control. Todos estos sentimientos intensos se amplifican gravemente en el caso de los empáticos. Los empáticos prosperan cuando los demás a su alrededor son felices. Si el mundo está lleno de miseria, los empáticos no pueden ser felices ni estar en paz. Así que, la próxima vez que se sienta incómodo o experimente algún malestar en su cuerpo que no pueda explicar mientras lee sobre desastres naturales, todo se debe a su empatía.

Cómo crear un entorno de trabajo óptimo

Una jornada laboral habitual dura unas ocho horas. Es probable que pase un tercio de su vida en el trabajo. Por lo tanto, es esencial asegurarse de que su entorno de trabajo es óptimo. Un entorno de trabajo tóxico puede agotar rápidamente su energía y reducir su productividad general. La forma más sencilla de asegurarse de que no hay una sobrecarga emocional en su empatía es asegurarse de que su espacio de trabajo protege esta energía. Los tres aspectos en los que debe concentrarse cuando se trata de su entorno de trabajo son el sentido que obtiene de su trabajo, la energía del espacio físico y la energía de quienes le rodean.

Necesita límites sanos y energéticos en su espacio de trabajo. Trabajar en una oficina abierta o caótica agotará su energía y abrumará sus sentidos. La forma más sencilla de hacerlo es colocando en su escritorio fotografías de sus seres queridos, de las mascotas de la familia o de cualquier paisaje que le tranquilice. Cree una pequeña barrera psicológica entre usted y el resto del mundo. Los objetos protectores y curativos, como las cuentas sagradas, los cristales o incluso una pequeña estatua de Buda, pueden crear un límite energético. Siempre que sea posible, aléjese del entorno de trabajo y salga al exterior. Tanto si se trata de una pausa de diez minutos para tomar un café como de una pausa para comer, vaya a un parque cercano o salga del edificio de la oficina, y se sentirá mejor. Quizás pueda utilizar auriculares antiruido para reproducir música relajante mientras trabaja. Ahogar los ruidos y sonidos externos ayuda mucho.

Puede considerar la posibilidad de purificar la energía en su espacio de trabajo. Puede rociar un poco de agua de rosas alrededor del escritorio o de la habitación, quemar salvia si es posible, o incluso encender una varilla de incienso. Cuando se trata de quemar salvia y encender incienso, asegúrese de que no se activen las alarmas de humo ni se moleste a otros compañeros de trabajo. También puede aplicar aceites esenciales en su escritorio sin molestar a los demás. Antes de empezar a trabajar, medite en su escritorio y pida al universo que le guíe. Busque las energías protectoras y curativas que el universo le ofrece y utilícelas para reponer sus energías.

Tratar con los demás, especialmente con vampiros energéticos que drenan su energía, es increíblemente importante. Las personas negativas emiten energía negativa. Como empático, es sensible a esta energía, y se amplifica aún más cuando es absorbida, por lo que establecer límites y definirlos es una gran manera de mantener alejadas a las personas tóxicas. La política de la oficina, los conflictos insignificantes, las rencillas o las murmuraciones pueden ser increíblemente agotadoras para su salud emocional y mental. Si observa que hay personas tóxicas en su entorno, intente mantener la distancia con ellas. Si no es posible mantener la distancia física, cree una barrera mental. Tome conciencia de sus energías y manténgalos alejados. Intente limitar sus interacciones y, si es posible, aléjese de ellos. Elabore estrategias eficaces para afrontar el estrés laboral. Una forma sencilla de crear un equilibrio entre el trabajo y la vida privada es no llevar el estrés laboral a casa. En cuanto termine la jornada laboral, es hora de dejar de lado las preocupaciones y volver a casa. Tómese su tiempo para energizarse y recuperarse. Cree y ponga en práctica un límite saludable entre su vida laboral y profesional.

Cómo crear un entorno doméstico ideal

Es posible que haya escuchado el dicho popular de que el hogar es donde está el corazón. Sus sentidos altamente sintonizados como empático significan que absorbe constantemente las energías y emociones de los demás. Usted ve el mundo utilizando su intuición, sus sentimientos y su capacidad para comprender los sentimientos de los demás. Estas sensibilidades son regalos brillantes, pero también pueden desequilibrar su vida. Dado que es extremadamente sensible a su entorno, este le afecta de un modo u otro, por lo que debe crear el ambiente ideal en su hogar, que le ayude a prosperar y florecer como empático. Si se siente constantemente abrumado, agitado o inquieto sin razón aparente, significa que no está en el entorno adecuado. Vivir en una casa oscura, sucia o desorganizada puede abrumar rápidamente sus sentidos y drenar la poca energía que le queda. Su hogar debe ser un lugar en el que pueda recuperarse y recobrar sus energías después de un día agotador. Su casa le ofrece un descanso del mundo abrumador en el que vive. La siguiente sección trata de consejos sencillos que puedes utilizar para crear el ambiente ideal en casa.

Como se ha mencionado anteriormente, los empáticos tienen una profunda conexión con la naturaleza y prosperan con ella. La forma más sencilla de traer un elemento de la naturaleza a su hogar es a través de las plantas. Rodee su espacio con plantas de color verde brillante, y eso le levantará el ánimo al instante. Las plantas también añaden un poco de vida y vigor a su entorno. Si no son plantas, considere la posibilidad de colocar flores frescas en la casa. Cada dos días, consiga flores frescas para su casa y añada vida al ambiente.

Un rasgo importante de un empático es su creatividad. Su imaginación y creatividad son sus superpoderes. Cuando este rodeado de belleza, se sentirá inspirado y extremadamente creativo. Buscar la belleza no es una frivolidad y, desde luego, no es un signo de vanidad. Coloque en su entorno cuadros coloridos u otras obras de arte, cristales, fotografías, recuerdos y otros objetos de adorno para potenciar su creatividad e imaginación. Cuando se está rodeado de belleza y color, uno se siente instantáneamente mejor consigo mismo.

Asegúrese de que los colores de su casa sean edificantes. En lugar de optar por colores excepcionalmente brillantes u oscuros que atenúen su energía, opte por tonos agradables y placenteros. Los tonos pastel y los colores neutros funcionan bien en lugar de los colores oscuros como el rojo, el negro, el gris o el azul oscuro. No solo hay que prestar atención a los colores, sino también a la iluminación. Deje que la luz natural inunde su casa y, si no es así, debe haber suficiente iluminación artificial para compensarlo. Evite la iluminación apagada y opte por luces brillantes y agradables.

Los colores también influyen en sus niveles de motivación, estrés, energía y estado de ánimo general. Por ejemplo, un color rojo intenso sugiere agresividad, mientras que el amarillo puede inducir ansiedad. El estrés también puede dispararse si se vive en una casa desordenada. Dedique tiempo y empiece a limpiar el desorden. Si usted vio la serie de Netflix ¡*A ordenar con Marie*

Kondo!, probablemente se dio cuenta de la importancia de ordenar su espacio vital. Estar rodeado de desorden o de trastos innecesarios puede llegar a dejarle cansado rápidamente. Revise todas sus posesiones y conserve solo los objetos que añaden valor o significado a su vida. Si un artículo no cumple ninguna de estas condiciones, deséchelo. El orden es también una forma de reducir el estrés y mejorar el estado de ánimo. Utilice el principio básico de ordenar en todos los aspectos de su vida.

Como empático, necesita tiempo alejado de los demás, por lo que necesita un espacio en el que no se le permita entrar a nadie más y que realmente le pertenezca. No tiene por qué ser una habitación grande. Incluso un pequeño rincón de la casa puede ser su guarida zen. Medite en este lugar, aléjese del estrés de la vida cotidiana y utilícelo para la auto-introspección. Si hay otras personas que viven en la casa, asegúrese de que tiene espacio para usted y de que nadie se entrometa en su tiempo a solas.

Los empáticos son increíblemente sensibles a los aromas y productos químicos fuertes. Si desea dejar su casa con un olor agradable y relajante mientras calma su mente sin contaminar el aire, utilice aceites esenciales. Los difusores de aceites esenciales le serán muy útiles. Difundir en casa aceites esenciales de lavanda, naranja, bergamota o ylang-ylang creará un ambiente reconfortante.

Siguiendo los sencillos consejos comentados en esta sección, puede elevar instantáneamente su estado de ánimo y eliminar cualquier energía negativa. No puede controlar muchas cosas en la vida, pero sí puede regular su entorno para adaptarlo a sus necesidades y deseos. No lo dude y tome las medidas necesarias para mejorar su empatía y reducir las posibilidades de sentirse abrumado. Cuando su entorno es propicio para el crecimiento, el amor y el desarrollo, le hace sentir mejor al instante. Cuando se siente mejor consigo mismo, su calidad de vida mejora.

Capítulo 6: La importancia de una vida equilibrada

Las matemáticas enseñan que toda función debe estar equilibrada. La misma lógica se aplica a su vida. Si desea llevar una vida feliz y saludable, tiene que haber equilibrio. Si siente que tiene poco o ningún control sobre su vida, significa que su vida carece de equilibrio. Un error común que comete mucha gente cuando se trata de la felicidad es creer que esta proviene de fuentes externas. La gente asocia la felicidad con diferentes cosas en la vida. Por ejemplo, puede decirse a sí mismo que será feliz cuando compre la casa de sus sueños, consiga el trabajo ideal o cualquier otra cosa por el estilo.

Recuerde que todas estas cosas son objetivos, pero no son el medio para alcanzar la felicidad. La verdadera felicidad surge del interior y no puede ser arrebatada. Nadie puede privarle de su alegría a menos que usted se lo permita. La felicidad suele estar en las pequeñas cosas de la vida. ¿Se pregunta cuál es la relación entre la felicidad y el equilibrio? Uno no puede existir sin el otro. No puede ser feliz si su vida está desequilibrada, y la falta de equilibrio le hace infeliz. Llevar una vida equilibrada es un arte. Lo que puede funcionar para otros no tiene por qué funcionar para usted. Su idea de equilibrio puede ser muy diferente de lo que otros creen o perciben.

En este capítulo, usted aprenderá a equilibrar diferentes aspectos de su vida como empático.

Diferentes aspectos de la vida

¿Qué significa vivir una vida equilibrada? En esencia, significa que los diferentes elementos de su vida no se superponen entre sí y que usted los controla. También significa que no hay discordia entre su corazón y su mente. Imagine lo difícil que sería la vida si su corazón fuera en una dirección mientras su mente le dice que haga otra cosa. Cuando se vive una vida bien equilibrada, el corazón y la mente trabajan en sinergia y le ayudan a moverse en la dirección correcta sin agitación interna ni lucha de poder. Una vida equilibrada le hace sentirse motivado, con los pies en la tierra, tranquilo, feliz y centrado.

Ahora bien, puede que se pregunte cómo puede vivir una vida equilibrada. La respuesta es muy sencilla. Lo primero que debe hacer es concentrarse en diferentes aspectos de su vida. Cada elemento de su vida puede clasificarse a grandes rasgos en dos categorías: interna y externa. Los desequilibrios en la vida se producen cuando se centra más en un aspecto y se olvida del otro. Es necesario que haya armonía entre los componentes internos y externos de su vida, para sentirse equilibrado y en paz.

Por ejemplo, cuando se centra únicamente en los aspectos externos de su vida, como las relaciones, el trabajo o las actividades, no le queda mucho tiempo, energía o fuerza para ocuparse de su yo interno. Al centrarse en estos aspectos externos, está evitando lo que ocurre dentro de su cuerpo, mente, corazón y alma. Por otro lado, si usted dedica todo su tiempo a la autorreflexión, se olvida de la vida que transcurre a su alrededor.

Hay tres cosas que entran en los componentes internos de su vida: el corazón, la mente y la salud. Es necesario desafiar a su mente intelectualmente, crear oportunidades para prosperar y crecer, y darle el descanso que requiere. En lo que respecta a su corazón, necesita encontrar un equilibrio entre dar y recibir amor. Nunca puede ser una calle de sentido único. Como empático, es probable que se incline por ser el dador en todas las situaciones de su vida. El problema que esto plantea es que termina con poco o ningún amor por usted mismo. Querido empático, estará tentado a ayudar a todo el que se le cruce en su camino porque es naturalmente dadivoso. Pero lo mejor sería que usted dirigiera su empatía y compasión también hacia usted mismo.

Necesita y merece empatía tanto como quienes le rodean. Los diferentes componentes de su vida interior en los que debe concentrarse son su salud física y mental. Es necesario que mantenga una dieta saludable, que haga ejercicio con regularidad y que descanse lo suficiente. Del mismo modo, le ayudaría encontrar un equilibrio entre hacer todas estas cosas y darse un capricho de vez en cuando. Cuando se priva de una cosa por estar centrado exclusivamente en otra, se crea mucho desequilibrio. Puede que no se dé cuenta de su efecto inmediatamente, pero con el tiempo, todo se acumula y se convierte en un gran problema.

Ahora, concéntrese en los aspectos externos de su vida. Hay cuatro áreas: entorno social, trabajo o carrera, familia y diversión. En lo que respecta al trabajo, debe fijarse ciertas metas para sobresalir en la vida y salir adelante. Mientras lo hace, intente ver el panorama general y disfrutar del viaje que está realizando. Si se concentra únicamente en sus objetivos, se olvida del viaje— la vida que está viviendo.

Mire el componente social de su vida. Le ayudará tomarse tiempo para sí mismo como empático, pero eso no significa aislarse. El autoaislamiento no es la respuesta. Del mismo modo, no es necesario que se convierta en una maravilla social. Sin embargo, como empático, no puede pasar todo su tiempo socializando porque se vuelve increíblemente agotador. Lograr un equilibrio entre el tiempo que se pasa con uno mismo y con los demás es importante para el bienestar general. Todas sus obligaciones y relaciones, ya sean familiares o románticas, son importantes. Mientras lo hace, no se olvide de establecer ciertos límites. Como empático, probablemente está acostumbrado a desvivirse por complacer y ayudar a los demás. Si no establece límites, acabará comprometiendo las cosas que más le importan. Dedique suficiente tiempo a las actividades que le gustan. Le ayudará encontrar un equilibrio entre hacerlo y procurar no pasarse de la raya mientras disfruta de su vida.

A estas alturas, es bastante obvio que la vida existe en un espectro. Tiene que asegurarse de que ambos extremos del espectro estén bien equilibrados. Si se va a un extremo, se rompe el equilibrio.

Realinear su vida

¿Alguna vez ha visto a un equilibrista? Tienen que caminar sobre una cuerda que está suspendida sobre el suelo. El objetivo es llegar de un extremo al otro sin perder el equilibrio. Para mantener el equilibrio, el equilibrista utiliza una barra larga. Pues bien, la vida es así. En la sección anterior, se le presentaron diferentes aspectos de la vida en los que debe concentrarse. Si uno de estos aspectos está desequilibrado, afecta a todos los demás. La vida es un acto de equilibrio. Los empáticos necesitan aprender a encontrar el equilibrio adecuado entre su vida interna y externa para su salud y felicidad. En esta sección se examinan algunos consejos sencillos y prácticos que puedes utilizar para alcanzar este objetivo.

Hacer balance y reconocer

Antes de reequilibrar su vida, es importante hacer un balance de dónde se encuentra en este momento. Evalúe su vida y todo lo que está ocurriendo. Está bien reconocer que ciertos aspectos de su vida no están equilibrados. No puede lograr la armonía si no acepta una cierta cantidad de discordia. Esta aceptación es liberadora y fortalecedora. Le da una mejor comprensión de lo que desea en la vida. Una vez que usted tiene una mejor comprensión de sí mismo, la vida se vuelve más fácil.

Establecer objetivos

Debe fijarse objetivos en diferentes aspectos de su vida—objetivos para su salud, su bienestar mental, su vida social y su carrera. Cuando se trazan ciertos objetivos, estos le dan un sentido de dirección y propósito a su vida. Cuando sabe hacia dónde se dirige, es más fácil tomar las medidas necesarias para llegar allí. Dado que los empáticos se ven constantemente abrumados por las emociones y los sentimientos de los demás, que no son suyos, estos objetivos actúan como faros de referencia. No se trata solo de establecer objetivos, sino de planificar y preparar la consecución de los mismos.

Decisión consciente

Tome la decisión consciente de reequilibrar su vida. A menos que tome esta decisión y se comprometa, no podrá avanzar. Cuando elige la realidad como el camino que guía sus decisiones, recuperar el equilibrio es más fácil. Tomar la decisión consciente de cambiar le asegura atenerse a esta regla a la hora de tomar decisiones. Esto también reduce el estrés que usted experimenta.

Asuma riesgos

No hay recompensas en la vida si no se asumen riesgos. Evalúese a sí mismo y esté dispuesto a salir de su zona de confort. Asumir riesgos no solo ofrece varias oportunidades de crecimiento y desarrollo, sino que mejora su vida en general. Le hace más consciente de lo que es la vida y de sus habilidades. No tema correr riesgos. Al contrario, reconozca que sin riesgos no llegará a ninguna parte en la vida. Es importante que usted reconozca la importancia del equilibrio en su vida y trabaje para crearlo, para que cada riesgo que asuma valga la pena.

Potenciarse a sí mismo

Aprenda a empoderarse. Habrá ocasiones en las que la vida no vaya como usted quiere, o en las que se sienta abrumado por otras cosas. En esos casos, aprenda a ser amable consigo mismo. Lograr una mínima sensación de equilibrio en la vida se vuelve difícil si es demasiado duro consigo mismo. Como empático, puede que esté acostumbrado a ser compasivo con los demás. Extienda esta compasión hacia usted mismo y las cosas mejorarán.

Prepararse y planificar

La vida es imprevisible, pero puede reducir esta imprevisibilidad mediante la planificación y la preparación. Siempre que haga un plan, prepárese para todos los contratiempos u obstáculos a los que pueda enfrentarse. Es una forma estupenda de recuperar la sensación de equilibrio y control sobre su vida. Por ejemplo, si sabe que tiene varios compromisos oficiales y personales para la semana siguiente, haga un horario. De este modo, puede asegurarse de que está cumpliendo con todas sus obligaciones sin ningún tipo de compromiso. También le permitirá conocer mejor cómo invierte su tiempo.

Auto-introspección

No se olvide de reservar tiempo para la auto-introspección. Sea como sea, la auto-introspección es esencial para el crecimiento. También le ayudará a comprender las actividades que debe realizar para asegurarse de que su vida está equilibrada. Nunca sabe realmente lo bien que lo está haciendo o en qué áreas se está quedando atrás hasta que reevalúa su posición. Ninguna decisión que toma es inamovible. Si algo no le funciona, cámbielo. No puede realizar este cambio sin introspección y autoevaluación. Antes de dormir por la noche, repase el día que ha tenido y observe los aspectos positivos y negativos. Si cree que hay un margen para mejorar, trabaje en ello al día siguiente. También puede planificar el día siguiente, para sentirse más organizado por la mañana.

Ideas para un estilo de vida equilibrado

A continuación, le presentamos formas sencillas de equilibrar diferentes aspectos de su vida como empático.

Salud física

La dieta, el ejercicio, el sueño y el descanso son los cuatro aspectos que debe optimizar para mantener su salud física. Como los empáticos son extremadamente sensibles, no pueden llevar una vida equilibrada si no se concentran en todos estos aspectos. No se puede descartar la importancia de la nutrición cuando se trata de una dieta equilibrada. Comer de forma saludable favorece su funcionamiento mental y mantiene su estado de ánimo general. Asegúrese de consumir una dieta rica en verduras, proteínas y frutas. Una dieta sana y saludable le permite alcanzar y mantener su peso ideal. Siga los sencillos consejos dietéticos comentados en la sección anterior y verá un cambio positivo en su salud física. Además de la dieta, concéntrese en el ejercicio, el sueño y el descanso.

Propóngase hacer ejercicio durante al menos veinte minutos al día. Cualquier ejercicio es bueno, y no tiene por qué ser una sesión de gimnasio. Ya sea nadar, correr, hacer jogging o practicar un deporte, añada actividad física a su rutina diaria. Una combinación de dieta y ejercicio mejorará su estado físico general, su fuerza y su resistencia.

Los adultos necesitan entre siete y nueve horas de sueño de buena calidad por la noche. Recuerde que lo importante no es solo la duración del sueño, sino también su calidad. No tiene sentido que duerma diez horas, pero se siga despertando cada una o dos horas. Un sueño alterado aumenta los niveles de estrés e impide que su cuerpo funcione eficazmente, reduciendo su funcionamiento cognitivo. La falta de sueño es la principal causa de varias enfermedades crónicas. Un consejo sencillo que puede utilizar para mejorar la calidad de su sueño es crear un ritual relajante a la hora de acostarse.

Tomar un baño relajante, ponerse ropa cómoda, realizar una lectura ligera o escuchar música relajante pueden formar parte de su horario de sueño. Asegúrese de despertarse y dormir a la misma hora todos los días, incluso los fines de semana. Esto ayuda a regular su ritmo circulatorio. El entorno del dormitorio debe ser propicio para un sueño de calidad. Evite la iluminación intensa, mantenga una temperatura ideal y asegúrese de que no sea ruidoso. Dele a su cuerpo y a su mente cinco minutos diarios para desconectar. Puede meditar, hacer un poco de yoga o incluso darse un masaje relajante para desestresarse.

Salud mental

Para mejorar y equilibrar su salud mental, es importante estar al tanto de todas las tareas que debe realizar. Afrontar el estrés es una gran manera de mejorar su salud mental, así que empiece el día fijándose objetivos alcanzables en los que pueda trabajar. Los objetivos deben ser pequeños y no demasiado complicados. Al final del día, revise todas las actividades que ha realizado y si ha alcanzado los objetivos o no. Siempre que vea que hay margen de mejora en su vida, trabaje en ello.

Otra buena forma de mantener sus niveles de motivación es crear una lista de tareas pendientes. Levántese temprano y haga una lista de todas las tareas que quiere realizar en un día. Si no tiene tiempo por la mañana temprano, puede hacerlo antes de irse a dormir por la noche. Así, en cuanto se despierte, sabrá todas las cosas que tiene que completar. Esto ayuda a priorizar sus responsabilidades y a realizar las cosas que dan sentido a su vida. Esta sencilla actividad también reduce el estrés y la carga mental innecesarios. Como empático, ya experimenta una gran cantidad de estrés cuando se expone a las multitudes y a las emociones de los demás—no necesita ningún estrés adicional. Concéntrese en actividades que le ayuden a mejorar su vida y le aporten significado.

No, no se trata de su carrera; en cambio, dedíquese a actividades que le hagan feliz. Puede leer, pintar, bailar, cantar o hacer cualquier otra cosa que le haga feliz. Dedicarse a sus aficiones añade valor a su vida y reduce el estrés. Como los empáticos son creativos por naturaleza, dedicarse a un pasatiempo aumenta su creatividad e imaginación.

Dedique tiempo y póngase en contacto con su ser espiritual. Espiritualidad y religión no son sinónimos. Se puede ser espiritual, aunque no se crea en una religión concreta. Depende de usted y es una elección personal. Para desarrollar su espiritualidad, medite, haga yoga o camine en la naturaleza. Pasar tiempo al aire libre y conectar con la naturaleza le ayudará a recargar y revitalizar sus baterías y le preparará para todo lo que la vida le depare.

Necesidades sociales

La mayoría de los empáticos se inclinan por la introversión, pero el aislamiento excesivo nunca es deseable, y ciertamente no es algo bueno. Cuando se aísla de los demás, aumenta el riesgo de depresión y ansiedad, al tiempo que se reduce la confianza en sí mismo y la autoestima. Es comprensible que los empáticos necesiten un poco de tiempo a solas. Aprenda a encontrar un equilibrio entre la soledad que desea y la socialización.

Una vida social sana es importante para su salud mental y emocional. La vida social no significa asistir a fiestas o visitar lugares concurridos cada noche. Puede ser algo tan sencillo como quedar con los amigos para comer o charlar con ellos. Póngase al día de todo lo que ocurre en la vida de los demás y manténgase involucrado. No se aísle porque sus seres queridos son su sistema de apoyo. Al mismo tiempo, asegúrese de establecer límites saludables. Está bien ayudar a sus amigos y familiares, pero no a costa de un gran coste personal y no siempre. Si se establecen límites personales y se ponen en práctica, se ayuda a aumentar la confianza en uno mismo y a mantener relaciones sanas. Si permite que los demás le consuman por completo en nombre de su relación, se quedará sin nada al final del día.

Equilibrio entre el trabajo y la vida privada

Establecer el equilibrio entre el trabajo y la vida privada es un aspecto crítico de una vida bien equilibrada. No ponga en peligro su vida personal por el bien de su carrera y viceversa. Si lo hace, generará descontento e infelicidad. También contribuye a la agitación mental y al estrés emocional. Cuando esté en el trabajo, evite cualquier distracción y concéntrese exclusivamente en el trabajo. Una vez que salga de la oficina, olvídese del estrés laboral e intente no llevarlo a casa. Establezca y aplique límites claros en su relación con la vida laboral.

No se sienta abrumado por los diferentes consejos que se dan en este capítulo. Son bastante fáciles de seguir y prácticos. Lo primero que debe hacer es aceptar que usted es el único que puede controlar su vida. Aunque una situación parezca desesperada, siempre hay una opción disponible. Empiece por poner en práctica estos consejos de uno en uno, no intente hacerlo todo de una vez si quiere tener éxito. Al aprender a equilibrar su vida, conseguirá una mejor comprensión de sí mismo y de su empatía.

Capítulo 7: Trampas que los empáticos deben evitar

La vida de un empático no siempre es fácil. Estos poderes pueden causar obstáculos en la vida si no se controlan. En esta sección se examinan los obstáculos sencillos que todos los empáticos deben evitar si quieren llevar una vida feliz, sana y exitosa.

Cómo lidiar con la ira

La ira es una emoción humana natural, y todo el mundo la experimenta de vez en cuando. También es una de las emociones más poderosas y potencialmente destructivas. Dado que todas las emociones se amplifican para un empático, la ira también se amplifica. La razón principal de esto es que los empáticos tienden a sentir las cosas primero y a reaccionar inmediatamente. Apenas hay tiempo para el proceso de pensamiento. Esto hace que la ira sea increíblemente potente para los empáticos. La intensidad de una emoción es directamente proporcional a la conexión. Cuanto más intensa es una reacción, más profunda es la conexión.

Hay dos respuestas habituales de los empáticos a la hora de enfrentarse a la ira. El empático tendrá un arrebato de ira, o huirá y se distanciará de la situación que causa la ira. Por ello, los empáticos se sienten extremadamente abrumados y estimulados cuando se exponen a emociones intensas y a la ira. Por lo tanto, si hubo casos en los que se sintió extremadamente enojado o incluso lloró de frustración, se debe a su empatía. Su empatía amplifica la ira básica que siente, y esta se hace más grande y aterradora de lo que realmente es.

La ira es extremadamente complicada para un empático porque es consciente de las emociones antes de que los demás sean conscientes de ellas. Este tipo de enfado se convierte en un gran obstáculo, especialmente si la persona con la que estás enfadado es su pareja sentimental. También puede ocurrir con un compañero de trabajo. Cuando permite que el enfado nuble su juicio y cede a las emociones y reacciones intensas, los demás se retraen. Cuando los demás empiezan a retirarse, a atacar o a evitarle a usted o a la situación por completo, se intensifica aún más su enfado. Esto, a su vez, también aumenta el estrés que experimenta.

Un empático enfadado es similar a un tigre enfadado confinado en una jaula. Lo único que puede hacer es pasearse miserablemente, esperando abalanzarse o incluso escapar. Pues bien, ninguna de estas reacciones es deseable, ni siquiera práctica. La ira es una emoción secundaria que se utiliza para enmascarar una emoción primaria. Como empático, usted no solo siente su ira, sino que también puede experimentar la ira de los demás. Como todo se magnifica, aprender a manejar la ira es esencial para su bienestar general.

Hay diferentes formas físicas en las que se puede manifestar la ira, que van desde los dolores de cabeza hasta el insomnio, la depresión e incluso la presión arterial alta. La incapacidad de procesar y controlar la ira puede empeorar la salud física. A su vez, puede aumentar el estrés mental y agravar aún más la ira. ¿Se da cuenta de que la incapacidad de controlar la ira es un círculo vicioso que se refuerza a sí mismo? La ira no procesada que proviene de otros es extremadamente incómoda. Cualquier ira antigua que aún esté presente en su interior puede convertirse rápidamente en amargura o resentimiento si no se controla. Por otro lado, el dolor fresco se siente como si se estuviera demasiado cerca de una llama caliente y es incómodo.

La razón más común por la que la gente se siente enfadada es el miedo. El miedo es una emoción primaria que desencadena una emoción secundaria– La ira es una emoción humana natural, y todo el mundo la experimenta de vez en cuando. También es una de las emociones más poderosas y potencialmente destructivas. Dado que todas las emociones se amplifican para un empático, la ira también se amplifica. La razón principal de esto es que los empáticos tienden a sentir las cosas primero y a reaccionar inmediatamente. Apenas hay tiempo para el proceso de pensamiento. Esto hace que la ira sea increíblemente potente para los empáticos. La intensidad de una emoción es directamente proporcional a la conexión. Cuanto más intensa es una reacción, más profunda es la conexión.

Hay dos respuestas habituales de los empáticos a la hora de enfrentarse a la ira. El empático tendrá un arrebato de ira, o huirá y se distanciará de la situación que causa la ira. Por ello, los empáticos se sienten extremadamente abrumados y estimulados cuando se exponen a emociones intensas y a la ira. Por lo tanto, si hubo casos en los que se sintió extremadamente enojado o incluso lloró de frustración, se debe a su empatía. Su empatía amplifica la ira básica que siente, y esta se hace más grande y aterradora de lo que realmente es.

La ira es extremadamente complicada para un empático porque es consciente de las emociones antes de que los demás sean conscientes de ellas. Este tipo de enfado se convierte en un gran obstáculo, especialmente si la persona con la que estás enfadado es su pareja sentimental. También puede ocurrir con un compañero de trabajo. Cuando permite que el enfado nuble su juicio y cede a las emociones y reacciones intensas, los demás se retraen. Cuando los demás empiezan a retirarse, a atacar o a evitarle a usted o a la situación por completo, se intensifica aún más su enfado. Esto, a su vez, también aumenta el estrés que experimenta.

Un empático enfadado es similar a un tigre enfadado confinado en una jaula. Lo único que puede hacer es pasearse miserablemente, esperando abalanzarse o incluso escapar. Pues bien, ninguna de estas reacciones es deseable, ni siquiera práctica. La ira es una emoción secundaria que se utiliza para enmascarar una emoción primaria. Como empático, usted no solo siente su ira, sino que también puede experimentar la ira de los demás. Como todo se magnifica, aprender a manejar la ira es esencial para su bienestar general.

Hay diferentes formas físicas en las que se puede manifestar la ira, que van desde los dolores de cabeza hasta el insomnio, la depresión e incluso la presión arterial alta. La incapacidad de procesar y controlar la ira puede empeorar la salud física. A su vez, puede aumentar el estrés mental y agravar aún más la ira. ¿Se da cuenta de que la incapacidad de controlar la ira es un círculo vicioso que se refuerza a sí mismo? La ira no procesada que proviene de otros es extremadamente incómoda. Cualquier ira antigua que aún esté presente en su interior puede convertirse rápidamente en amargura o resentimiento si no se controla. Por otro lado, el dolor fresco se siente como si se estuviera demasiado cerca de una llama caliente y es incómodo.

La razón más común por la que la gente se siente enfadada es el miedo. El miedo es una emoción primaria que desencadena una emoción secundaria: el enfado. La próxima vez que se sienta enfadado, tómese un momento para recuperar la calma. Dé un paso atrás e intente ver la situación desde una perspectiva neutral. Cuando retire la primera capa de su ira, se dará cuenta de que se debe a algún miedo o dolor. La ira actúa como un escudo que le protege de ese miedo o dolor que se le presenta. Lamentablemente, no ayuda a resolver el problema y simplemente empeora la situación.

Cuando usted se siente enojado, lo primero que debe hacer es cuestionar de quién es el enojo que siente. Si es su enfado, considere las razones por las que puede estar enfadado antes de reaccionar. Aprenda a responder en lugar de reaccionar. Cuando usted responda, significará que está pensando tranquila y racionalmente sobre la situación en lugar de permitir que sus emociones guíen el camino. Si se da cuenta de que el enfado que siente no es suyo, deséchelo. Usted tiene control total sobre sus emociones, y no necesita absorber las emociones ajenas. Recuerde esta verdad siempre que se sienta abrumado por los demás. Como empático, es usted un sanador y un cuidador natural. Canalice su compasión interior y deje que esta guíe el camino en lugar de su ira. Como puede pensar desde la perspectiva de los demás, utilice esta fuerza para disipar su ira.

Susceptibilidad a las adicciones

En uno de los capítulos anteriores, se le presentó la idea de por qué los empáticos son susceptibles a las adicciones. Tanto si se trata de comer en exceso como de depender del alcohol, las drogas o cualquier otra sustancia, la susceptibilidad de un empático a las adicciones no puede pasarse por alto. La razón principal por la que dependen de otras sustancias o de mecanismos de afrontamiento poco saludables es que no pueden lidiar con sus emociones. La constante estimulación emocional, junto con el mundo altamente desafiante y las vidas estresantes que la gente lleva hoy en día, puede ser demasiado para que un empático pueda soportarlo.

La adicción no es solo una mera distracción; también puede perturbar y destruir su vida, si no se controla. Los empáticos no son como los individuos normales, y desde luego no están destinados a llevar una vida normal. La empatía, que los diferencia de los demás, también puede convertirse en una debilidad. La incapacidad de lidiar con las emociones dolorosas o no entender el origen de estas emociones y la falta de autoconciencia pueden desencadenar la soledad. En un intento de hacer frente a todas estas cosas, los empáticos se desvían en el proceso. La incapacidad de comprender y procesar de forma eficaz y eficiente toda la energía con la que un empático sigue interactuando puede pasar factura a su salud física, emocional y mental. Cualquier acumulación tóxica de energías de baja vibración almacenada en el cuerpo de un empático puede drenar rápidamente su energía personal.

Si no quiere quedar atrapado en el interminable círculo vicioso de la dependencia y la adicción, es importante que se comprenda a sí mismo y a su don de la empatía. La forma más sencilla de mejorar su productividad general y hacer frente a todos los sentimientos, sensaciones y energías que experimenta es descansar lo suficiente. Tómese un descanso de su rutina, desconecte del mundo y concéntrese en sí mismo.

Todo el mundo es bastante duro consigo mismo, especialmente los empáticos. Ningún ser humano es perfecto. La gente tiene defectos y cargas emocionales con las que lidiar, y los empáticos no son diferentes. Para gestionar la vida de un empático, es importante aceptarse a sí mismo tal y como es. No permita ninguna acumulación emocional y escuche las señales de su cuerpo. Suelte cualquier resistencia y no se aferre a emociones o sentimientos que le hagan daño. Tanto si se trata de un acontecimiento traumático como de una experiencia desagradable o de un cambio importante en su estilo de vida, déjelo ir independientemente de la situación o de las circunstancias—y no cargue con esas emociones desagradables. Dedique también algún tiempo a comprender sus emociones y a separarlas de las que recoge de los demás. Empiece a gestionar su energía, su tiempo y sus emociones. Aprenda a establecer ciertos límites personales y póngalos en práctica.

Complacer a la gente

A los empáticos les encanta complacer a los demás. Como experimentan y sienten lo que otros sienten, intentan que todos estén cómodos y sean felices. En un intento de hacerlo, acaban ignorándose a sí mismos. Como empático, tiene que dejar de intentar complacer a todo el mundo. La simple verdad de la vida es que no se puede complacer a todo el mundo, y la única persona a la que puede complacer es a usted mismo. Cuando trata de hacer feliz a la gente, acaba decepcionándose a sí mismo. Deje de buscar la aprobación, la validación o la felicidad externas. Su verdadera fuente de felicidad proviene de su interior.

Complacer a la gente puede aumentar el estrés mental e incluso dañar su autoestima y su confianza en sí mismo. No piense que complacer a la gente es lo mismo que ser generoso. Su empatía le permite ser generoso y útil para los demás. La generosidad se deriva de una sana autoestima y de un sentimiento de auténtica felicidad que se obtiene en un entorno compartido. Por otro lado, el hecho de querer complacer a la gente suele provenir de un lugar que requiere la aprobación de otra persona. Cuando se intenta complacer a los demás, uno se somete a sus necesidades y deseos. En ese proceso, usted no tendrá tiempo, energía o recursos para concentrarse en su vida en general. Si la opinión de los demás es más importante que la suya, no podrá llegar a ninguna parte en la vida.

Por lo tanto, lo ideal es concentrarse en uno mismo antes que en los demás. Como empático, es posible que se sienta un poco culpable al dar prioridad a usted mismo. Esto es un signo de autoestima y confianza en usted mismo. Esto demuestra que tiene una personalidad sana y que no duda en poner en práctica estos aspectos. Además, reduce las posibilidades de que los demás le den por sentado. También le da un mayor control y comprensión de sí mismo y de la vida en general. Aprenda a decir "no" y a defenderse. Si no lo hace usted, nadie podrá hacerlo por usted. Ser asertivo y establecer límites significa protegerse. Esto no es egoísta, sino que es una gran manera de reducir las expectativas, los juicios y las responsabilidades innecesarias de los demás. Por fin le da la oportunidad de aceptar la verdad de que no tiene control sobre la vida o las emociones de los demás. No es responsable de cómo se sienten, y ciertamente no es responsable de sus acciones. Practique la sencilla habilidad de decir no.

Esponjas emocionales

Una verdad innegable sobre los empáticos es que son esponjas emocionales. Los empáticos son individuos de corazón abierto que confían en su interlocutor y no tienen miedo de llevar su corazón en la manga. La apertura de corazón de un empático nunca puede ser apartada de ellos. La conversación con un empático puede ayudar a abrirse incluso a la persona más inverosímil. Sin embargo, estas experiencias pueden ser bastante angustiosas y agotadoras para un empático sin límites. Dado que los empáticos luchan por mantener y aplicar sus límites personales, a menudo se convierten en esponjas emocionales que absorben constantemente todo lo que hay en su entorno. Pueden ser las emociones, los sentimientos o incluso los síntomas físicos de dolor que absorben de los demás. Cuando esto no se controla, aumenta la carga emocional que siente un empático. Los empáticos tienen ciertamente un inmenso poder interior, pero el lado oscuro de esta capacidad es que a menudo se olvidan de sí mismos.

¿Qué ocurre cuando se coloca una esponja en un cuenco de agua? Después de unos segundos, la esponja absorbe toda el agua. La esponja se vuelve pesada y densa por ello. Esto es precisamente lo que le ocurre a la energía de un empático cuando recoge constantemente las energías de los demás. Por desgracia, la mayor parte de la agitación emocional que experimentan los empáticos no es el resultado de sus emociones; es la agitación combinada de las emociones colectivas que les rodean. Si no se controla, este tipo de carga emocional puede convertirse rápidamente en un problema de salud mental. Desde la ansiedad hasta la depresión, los empáticos son susceptibles de desarrollar trastornos mentales. Conectarse a tierra y protegerse es una buena manera de proteger su energía personal mientras ayuda a los demás. Otra técnica es establecer límites en todos los aspectos de su vida. En los capítulos siguientes aprenderá más sobre el blindaje y cómo potenciar su empatía.

Vampiros energéticos

Los vampiros energéticos y otras personalidades tóxicas, como los narcisistas, se sienten atraídos por los empáticos. Del mismo modo, los empáticos se sienten atraídos por ellos como polillas a una llama. Los vampiros energéticos y los narcisistas suelen carecer de empatía. Los vampiros energéticos saben que los empáticos son una fuente de energía elevada y de recursos que necesitan para sobrevivir. Un empático puede entender la perspectiva de otra persona y es bueno para ofrecer compasión y empatía siempre que se requiera. Los empáticos no dudan en dar a las personas el beneficio de la duda y les dan varias oportunidades para demostrar su valía. Todo el trabajo emocional que ofrece un empático parece bastante atractivo para los narcisistas y otros vampiros emocionales.

Los vampiros energéticos y los individuos tóxicos necesitan urgentemente una curación. Esta curación no puede venir de una fuente externa, y necesita ser un proceso interno basado en la autorreflexión y el crecimiento. Sin embargo, estos individuos no suelen estar dispuestos a hacerlo y creen que la energía de un empático les ayudará a alcanzar el nivel de curación que necesitan sin ningún esfuerzo. Un narcisista y cualquier otro vampiro energético abusan de la compasión de un empático. Pueden salirse con la suya con cualquier comportamiento tóxico sin tener que rendir cuentas.

La voluntad de un empático de adaptarse a la situación es explotada y mal utilizada. Al final, los empáticos tienden a quedarse atrapados en relaciones tóxicas o francamente abusivas con un vampiro energético. Como los empáticos son naturalmente dadores, mientras que los individuos tóxicos siempre toman, la ecuación siempre está desequilibrada. En tales relaciones, el empático sigue dando y no recibe nada a cambio. El apetito de un vampiro emocional se sacia perfectamente cuando devora la energía de un empático.

Como empático, es necesario que se dé cuenta de que no es responsable del comportamiento de los demás. Se puede ser compasivo con los demás, pero hay que entender que no todos lo merecen. Empiece a cuidar de sí mismo y permita que los demás cuiden de usted. En una relación sana y feliz, siempre hay reciprocidad.

Pérdida de la identidad

Perder la identidad o la comprensión de uno mismo es bastante doloroso y demoledor. Si no puede identificarse o entenderse a sí mismo, ¿cómo puede entender la vida o a los demás a su alrededor? Como los empáticos dedican todo su tiempo y energía a atender las necesidades de los demás, les queda poco o ningún tiempo para sí mismos. Cuando las emociones y los sentimientos de los demás les bombardean constantemente, no tienen tiempo para procesar sus emociones y sentimientos. Después de un tiempo, un empático puede llegar a un punto en el que no puede distinguir sus emociones de las de los demás. De hecho, lo más probable es que empiecen a cuestionar sus sentimientos. Se hace difícil entender dónde acaban ellos y dónde empiezan los demás. Si todo esto le resulta familiar, puede ser un signo de una crisis de identidad. La forma más sencilla de entenderse a sí mismo es dedicar más tiempo a la autorreflexión. Concéntrese en curarse a sí mismo antes de ayudar a los demás.

Capítulo 8: Los empáticos y las relaciones

Como empático, tiene un agudo sentido de la conciencia y una extrema sensibilidad a las emociones y sentimientos de los demás. Esto es un don brillante en cualquier relación. Después de todo, imagine todos los malentendidos que podrían evitarse si pudiera ver las cosas desde la perspectiva de otra persona. La empatía tiene varios beneficios, pero también conlleva desafíos. En esta sección, aprenderá cuáles son los tipos de personalidad más adecuados para un empático, los secretos para amar a un empático y consejos para mantener relaciones saludables y felices con los empáticos.

Como se mencionó en el capítulo anterior, los empáticos son como imanes para las personas tóxicas y los vampiros energéticos. Por lo tanto, no debe ser presa de las manipulaciones de los vampiros energéticos. Esto no significa que no debe estar nunca en guardia. Por el contrario, significa que debe prestar atención a su intuición cuando se trata de una pareja romántica. Si su instinto le dice que algo va mal, confíe en él.

Los vampiros energéticos y las personas tóxicas pueden parecer encantadores. De hecho, si intensifican su encanto, le desarmarán fácilmente. Es hora de comprender que así es como actúan y utilizan su encanto para salirse con la suya. Una vez que el vampiro energético tiene su atención, se abrirá paso lentamente en su vida. Para un empático sensible, esto es una receta para el desastre. Por lo tanto, es importante prestar atención a las personas que deja entrar en su vida. Si su pareja le hace sentir culpable o con remordimientos por cosas que no ha hecho, es una señal de una relación tóxica.

Otra bandera roja que usted no debe ignorar es la falta de reciprocidad. Si usted da, su pareja debe corresponder. Si parece que su pareja le ha dado por sentado, lo más probable es que lo haya hecho. Si su pareja no puede respetar sus límites, también es un signo de una relación tóxica. Si cree que está en una relación con una persona que tiene poca o ninguna consideración por sus sentimientos y toda la relación gira en torno a ella, libérese de ella. Cuanto antes deje atrás las relaciones tóxicas, le resultará más fácil seguir avanzando. ¿Se acuerda de la regla sobre el desorden mencionada en el capítulo anterior? Pues bien, es hora de utilizar esa regla y empezar a ordenar su vida personal y sus relaciones. Si una relación no añade ningún valor a su vida y drena su energía, no la necesita.

La verdad sobre los empáticos y las relaciones

Un empático experimenta la vida como nadie más puede empezar a imaginar. Ya sea felicidad, tristeza o cualquier otra emoción, todo se magnifica para un empático. Es de naturaleza humana tratar de cambiar las cosas que no son atractivas. Sin embargo, esto no puede suceder con un empático en una relación. Nadie puede cambiar la forma en que un empático ve la vida. Los empáticos son raros y hay que cuidarlos. Como empático, si intenta cambiarse a sí mismo para complacer a los demás, aumentará su insatisfacción en la relación y le agotará rápidamente. Los empáticos necesitan ser comprendidos tal y como son. Si no desea alejarse de sí mismo, no intente cambiar. Es muy poco probable que usted no experimente emociones o sentimientos en profundidad. Sin embargo, puede hablar de estas cosas con su pareja. No se cierre, aprenda a ser abierto y honesto con su pareja.

Un empático necesita tiempo a solas. Probablemente se dé cuenta de la importancia y los beneficios de hacerlo. No puede pasar todo su tiempo con otro individuo, aunque sea su alma gemela. Necesita tiempo para sí mismo para poder recuperarse. Esto no es algo que todo el mundo sea capaz de entender, especialmente en una relación romántica. A menudo provoca varios malentendidos en los que la pareja de un empático puede sentirse excluida, descontenta o incluso molesta. Por lo tanto, es importante encontrar a alguien que no solo entienda, sino que también respete sus necesidades. Necesitar tiempo para uno mismo no es egoísta, y es bueno para la salud y la relación. Si necesita desaparecer durante un tiempo, no lo haga al azar. Al contrario, informe a su pareja de por qué lo necesita y siga adelante. Se trata sobre todo de mantener una comunicación abierta y honesta si quiere que la relación sobreviva.

Los empáticos son extremadamente creativos e imaginativos. Por lo tanto, es muy poco probable que una relación con un empático sea aburrida. Sin embargo, esta creatividad e imaginación tienen su lado negativo. Por ejemplo, las ideas de un empático pueden parecer extravagantes o incluso poco ortodoxas. Puede hacer que los demás se sientan incómodos y dudosos. Esto, a su vez, puede causar problemas en la relación. Una vez que un empático se propone algo, lo hará. Si tiene problemas con su imaginación y creatividad como empático en una relación, lo primero que debe hacer es hablar con su pareja sobre ello. Siempre que tengan una conversación al respecto, preste atención con el corazón y la mente abiertos. Si su pareja le está diciendo algo, viene de un lugar de amor y comprensión. Además, le da otra perspectiva para pensar en la situación. Utilice su empatía para comprender mejor la situación y tomar una decisión fundamentada.

Como los empáticos son detectores de mentiras humanos, nadie puede ocultarles la verdad. Necesitan un compañero que sea siempre abierto y honesto. Incluso una mentira piadosa puede convertirse en un gran problema para un empático. Pueden ver a través de las intenciones, motivaciones e inclinaciones de los demás. Este sentido de la intuición con el que está bendecido un empático es extremadamente útil en la vida. Sin embargo, puede hacer que su pareja se sienta controlada en una relación. Si no cesa de hablarle de las cosas que pueden salir mal—sí, es probable que tenga razón— puede preocupar a su pareja o incluso asustarla. Además, imagine cómo se sentiría usted si alguien le dijera lo que debe hacer todo el tiempo. En un intento de ayudar a los demás, los empáticos pueden parecer controladores y dominantes.

Para tener una relación sana y feliz, busque un equilibrio entre sus puntos fuertes y débiles como empático. Hable con su pareja de todas las cosas y no la deje de lado. Ambas partes deben hacer ciertos ajustes. Sin embargo, si está dispuesto a asumir este compromiso, merecerá la pena.

Consejos para cultivar relaciones saludables cuando se es empático

Como empático, probablemente esté acostumbrado a vivir con una variedad de emociones intensas. En estos casos, ¿cómo es posible tener tiempo para otra persona si le cuesta encontrar tiempo para sí mismo? Esta es una pregunta común que todos los empáticos necesitan responder cuando se trata de relaciones. En esta sección examinaremos algunos consejos sencillos y prácticos que puede utilizar para cultivar relaciones sanas y positivas.

Lo primero que debe hacer es comprender que existe una diferencia entre la empatía cognitiva y la emocional. La empatía cognitiva y la emocional son los dos tipos básicos de empatía. La empatía cognitiva es la capacidad de entender las emociones de otra persona sin creer que son las suyas. La empatía emocional es cuando experimentas las mismas emociones que siente la otra persona como si fueran suyas. En una relación sana, hay lugar para la empatía emocional y cognitiva. Sin embargo, aprender a entender y distinguir entre estas dos cosas es esencial. Comprender esta diferencia le salvará de un mundo de dolor y confusión interna. Por ejemplo, si de repente se siente decaído o extremadamente infeliz sin razón aparente, es el momento de preguntarse ¿si siente sus emociones o las está absorbiendo de su pareja?

La vida puede ser agotadora y abrumadora, y aún más para los empáticos. Vivir como una persona altamente sensible en este mundo es agotador. Como es extremadamente receptivo y perceptivo de todo lo que sucede dentro y alrededor de usted, resulta emocionalmente agotador. Lo mismo ocurre con su relación. Aunque ame a su pareja incondicionalmente, es importante que se tome un tiempo para sí mismo. Le ayudará a reagrupar sus pensamientos y a poner las cosas en perspectiva. Hay diferentes maneras de recuperarse después de un día agotador. Si necesita tiempo para sí mismo, hable con su pareja de ello. Si su pareja entiende su necesidad de tiempo a solas, es un signo de una relación sana, pero si no lo hace, pronto puede convertirse en una relación tóxica.

Cuando dos personas empiezan a vivir juntas, habrá diferencia de opiniones. Los empáticos saben escuchar, y es un rasgo que ayudará a su relación. Dicho esto, debe entender que no se trata más que de escuchar. Escuche atentamente lo que dice su pareja, pero no tiene que aceptarlo como la verdad si no le cree. Recuerde que no tiene por qué hacer todo lo que su pareja dice o sentirse como ellos si no le parece bien. Mantenga sus valores y, si algo va en contra de ellos, póngase firme. Esto ayuda a establecer límites saludables sin que su pareja se sienta excluida. Admita que tendrá puntos de vista diferentes, pero aprenda a escuchar con paciencia.

Pasar tiempo juntos es tan importante como pasar tiempo separados. No es necesario que lo hagan todo juntos y, desde luego, no tienen que pasar juntos cada minuto que estén despiertos. Aprenda a hacer cosas por su cuenta y anime a su pareja a hacer lo mismo. Dele tiempo, espacio y oportunidad para hacerlo. Crezcan como individuos y trabajen para crecer juntos como pareja. Esto es importante para cualquier relación y es increíblemente importante para un empático. Si pasan todo el tiempo juntos, captará las vibraciones energéticas y las emociones de su pareja. Esto no es saludable y se convertirá en algo emocionalmente agotador. Como empático, sus necesidades pueden ser únicas. No se agobien el uno al otro y tomen el tiempo y el espacio necesarios para ustedes.

La diferencia de opiniones entre dos individuos es habitual. Cuando esto ocurre, es normal que surjan críticas. Cualquier crítica que reciba puede ser tratada de forma constructiva. Dicho esto, deje que su intuición le guíe cuando su pareja le pida que cambie. Si tiene una relación feliz y sana, su pareja entenderá su empatía. Le ayudará y apoyará siempre que lo necesite. En cambio, si le critica constantemente, ignora sus esfuerzos o le da por sentado, estas son algunas de las señales de alarma que nunca debe pasar por alto. Confíe en su instinto cuando se trate de relaciones románticas. Si escucha señales de alarma en su cabeza, preste más atención a ellas.

Los mejores tipos de personalidad para un empático

Los empáticos son personas muy sensibles y necesitan a alguien que pueda entender y respetar su sensibilidad. Una relación feliz y saludable es aquella que está llena de amor y aceptación incondicionales. En una relación así, cada miembro de la pareja no solo apoya al otro, sino que también hay amor y respeto mutuos.

Cuando existe este amor, respeto, adoración y aceptación, aumenta la confianza en sí mismo y la felicidad de la pareja. También ayuda a fortalecer el vínculo que comparten. Sin embargo, una relación romántica rara vez es fácil para un empático. Como se ha mencionado en la sección anterior, hay varias cosas que necesita un empático, y no siempre es fácil encontrar una pareja complaciente. Un empático anhela la compañía, pero no se siente seguro siendo verdaderamente vulnerable, y aprender a navegar por la relación mientras protege sus sensibilidades es importante. El primer paso para formar una relación sana es encontrar la pareja adecuada. En función de su temperamento y sus necesidades como empático, su pareja o alma gemela ideal se clasifica en cuatro categorías diferentes.

El empático

Una relación con un empático es maravillosa. Si su pareja también es empática, las cosas son más fáciles. Estas relaciones consisten en individuos altamente sensibles que son conscientes de las emociones y perspectivas del otro. Esto reduce las posibilidades de que se produzcan malentendidos innecesarios y evita que se produzcan situaciones desagradables. Cada uno sintoniza con las emociones del otro y tiende a sentirlo todo de forma extrema. Hay una desventaja obvia en una relación con un empático—las emociones se disparan. Ambos pueden verse abrumados por los sentimientos del otro.

La convivencia de dos personas excesivamente sensibles se convertirá en una receta para el desastre si ninguno de los dos sabe aprovechar y proteger sus energías. Por lo tanto, antes de entablar una relación con un empático, dedique algún tiempo a comprender su empatía. No solo debe respetar su empatía, sino también la de su pareja. Si la relación está formada por dos empáticos que se ven constantemente invadidos por los problemas del mundo, aumentará la ansiedad en la relación y en casa. Por lo tanto, cada uno deberá tener un tiempo y un espacio a solas para recuperarse.

La gran noticia es que no tiene que explicar todas estas cosas a la otra persona, porque lo entenderá inmediatamente. Puede ser un reto para dos empáticos enamorarse y mantener una relación mutuamente feliz y satisfactoria. Pero esto es posible si hay respeto mutuo, una comunicación fluida, así como mucho amor y aceptación incondicional.

El pensador

La personalidad intelectual o pensadora intensa es una buena combinación para los empáticos. Los que pertenecen a este tipo de personalidad son bastante brillantes, pueden articular óptimamente sus pensamientos y se sienten cómodos con ellos. Estos individuos ven el mundo a través de la lógica y el pensamiento racionales. Los empáticos se ven rápidamente abrumados por las emociones y los pensamientos, mientras que los pensadores no. Se mantienen racionales incluso en situaciones intensas y son conocidos por mantener la calma. Su presencia tranquila aporta una sensación de equilibrio a la vida del empático. También tienen mucho que aprender de sus homólogos empáticos. Un empático puede enseñarles a confiar en su instinto, a abrazar sus sentimientos y a ser más desenfadados y sensuales. El pensador y el empático compensan los defectos del otro en sus relaciones, haciendo que la relación sea fructífera y satisfactoria.

El entusiasta

Algunos individuos son muy conscientes de sus emociones y están en contacto con ellas. Solo experimentan esas emociones con fuerza, pero también les encanta compartirlas con los demás. Como su nombre indica, los que pertenecen a este tipo de personalidad suelen soltar amor y alabanzas a borbotones. Son expertos en procesar rápidamente cualquier sentimiento negativo y pueden alejarse fácilmente de las experiencias desagradables y reemplazarlas por otras positivas.

Es posible que compartan demasiado constantemente y que no sepan dónde poner el límite en una relación respecto a los aspectos negativos. Esto puede resultar pronto agotador para un empático, ya que la intensa y constante necesidad de compartir todas sus emociones crea una sobrecarga emocional. Para que el empático y el entusiasta tengan éxito como pareja, es necesario que haya un equilibrio entre el intercambio de emociones. Como empático en una relación, es necesario establecer ciertos límites y ponerlos en práctica sin comprometerse. Estos límites evitarán cualquier sobrecarga emocional y también mostrarán al entusiasta dónde trazar la línea.

La Roca

La roca es un tipo de personalidad fuerte y silenciosa. Es una persona estable, fiable y coherente. Estas son tres características que un empático siempre busca en una relación. Estos individuos no juzgarán ni se enfadarán si comparte sus emociones. En cierto modo, crean el entorno perfecto en una relación para que un empático sea su verdadero yo. En un mundo en el que los empáticos ayudan a los demás y siempre cuentan con ellos, los individuos con este tipo de personalidad se convierten en el pilar de fuerza y apoyo de un empático. Al fin y al cabo, todo el mundo necesita personas en las que pueda confiar en momentos de necesidad.

Los empáticos y las rocas son muy buenas parejas. La relación estará bien equilibrada, ya que cada miembro de la pareja promueve y apoya el crecimiento y el desarrollo del otro. El único inconveniente de una relación con este tipo de personalidad es que pueden no estar acostumbrados a expresar libremente sus emociones. Sin embargo, pueden aprender a hacer esto de sus compañeros empáticos. A su vez, un empático puede aprender a mantenerse centrado y con los pies en la tierra gracias a su pareja de roca. Como se ha dicho, cada uno tiene algo que aprender del otro.

Capítulo 9: Las mejores carreras para los empáticos

Los empáticos prosperan en un entorno poco estresante. Por lo tanto, puede ser un reto encontrar una forma de empleo ideal para un empático. Tradicionalmente, tienden a sobresalir en pequeñas empresas, trabajos en solitario y otros ámbitos poco estresantes. Trabajar a tiempo completo o parcial desde casa es una situación ideal en la que el esfuerzo se aleja del frenesí de la política de la oficina, de los compañeros de trabajo tóxicos y de la interacción constante con los demás. Un trabajo en el que pueda planificar su horario y sus descansos de acuerdo con sus necesidades y exigencias es ideal. La inclinación natural de un empático hacia la curación y la ayuda a los demás abre una variedad de opciones profesionales. Durante los capítulos anteriores, se le presentaron los diferentes puntos fuertes de un empático. Crear una carrera utilizando uno de sus puntos fuertes es una gran manera de aprovechar su empatía y crear un medio de vida. Esta sección examina las opciones profesionales que le permiten utilizar su don para ayudar a los demás.

Psicólogo

Los empáticos son brillantes psicólogos porque tienen una gran conciencia de la naturaleza humana y de las emociones. Son capaces de entender lo que sienten los demás y pueden percibir las razones de esos sentimientos. La salud mental es tan importante como la salud física. Un problema de salud mental es tan debilitante como una enfermedad física. Hoy en día, hay una creciente demanda de especialistas en salud mental, y un empático es muy adecuado para este papel. Su comprensión inherente del sufrimiento emocional, unida a la capacidad de ayudar a los demás, funciona estupendamente en este campo. También saben escuchar y ofrecer consejos útiles.

Enfermero

Los empáticos son sanadores y cuidadores naturales. Se sienten automáticamente atraídos por cualquier persona que sufra. De hecho, los empáticos a menudo se desviven por aliviar el sufrimiento de los demás. Debido a este deseo natural de ayudar a otros que no están bien o están enfermos, convertirse en enfermero es una buena opción profesional. Un enfermero es un sanador, por lo que puede canalizar su empatía para reducir la angustia de un paciente. Trabajar en residencias de ancianos, hospitales o incluso en casas particulares le permite utilizar su empatía para reconfortar y calmar a los demás.

Veterinario

Los empáticos tienen afinidad con los animales. Sienten una profunda simpatía por la naturaleza y todas sus criaturas, que no se limita a los seres humanos. Puede parecer sorprendente, pero los empáticos son bastante buenos para entender lo que sienten los animales. Puede que hayas oído el término "susurrador de caballos" o "susurrador de animales". Pues bien, esa profunda conexión con la naturaleza permite a un empático comprender el dolor y el sufrimiento de otros seres que no pueden comunicarse como las personas. Esto hace que los empáticos sientan en profundidad por ellos. Los empáticos son excelentes veterinarios por su deseo natural de curar y consolar a las mascotas enfermas.

Escritor

Los empáticos son extremadamente creativos. Si tiene una pasión o un don para la escritura, considere la posibilidad de convertirla en una oportunidad de empleo a tiempo completo. Escribir es una salida creativa para canalizar sus sentimientos. Por lo general, los empáticos experimentan una variedad de emociones ajenas a ellos, y estas emociones pueden desencadenar sus emociones creativas y ayudarle a escribir. Puede convertirse en un autor, un escritor independiente o incluso un bloguero. Deje que su narrador interior salga a la luz y piérdase en el viaje. Escribir puede ser un gran escape del mundo y es una forma excelente de que un empático pase tiempo a solas.

Músico

Al igual que los escritores, los músicos son seres extremadamente emocionales. Si tiene un don para la música y es empático, considere la posibilidad de convertirlo en una oportunidad profesional. Desde escribir canciones o poesía hasta cantar e incluso tocar un instrumento, hay diferentes cosas que puede considerar. La música más hermosa la componen los que entienden el dolor. Dado que el corazón de un empático se inclina naturalmente hacia los demás, su comprensión del dolor y el sufrimiento es más elevada que la de otros. En cierto modo, está utilizando su fuerza como empático para labrarse una carrera.

Artista

Los empáticos son excelentes artistas debido a su ilimitada creatividad. La escritura puede utilizarse como medio para que un empático se exprese, y el arte hace lo mismo. La energía y la imaginación de un empático pueden canalizarse a través del arte utilizando múltiples medios. Puede ser un canal de vídeo en YouTube que muestre su creatividad, trabajar como autónomo o incluso vender sus obras de arte a través de portales online y offline. El alma de un empático está en sintonía con el constante flujo y reflujo de las corrientes emocionales humanas, y crear arte se convierte en algo significativo para ellos.

Profesor

La enseñanza es una de las profesiones más nobles que conoce la humanidad. La función principal de un profesor es guiar a sus alumnos hacia el éxito. Los profesores inspiran y empujan a sus discípulos a sobresalir en la vida y a trabajar por sus objetivos. Dado que los empáticos se dedican a elevar el espíritu humano y el progreso colectivo, la enseñanza se convierte en una buena opción. Su corazón cariñoso, unido a unas manos que ayudan, les convierte en candidatos ideales para esta profesión. El apoyo y la motivación adecuados pueden hacer maravillas en la vida de una persona. Un profesor es capaz de ofrecer estas cosas a sus alumnos, especialmente para aquellos que no las reciben en casa.

Coach de vida

Los empáticos prosperan cuando la gente feliz les rodea. No sienten celos del éxito de los demás, y, de hecho, se alegran de este sentimiento. También les gusta ayudar a los demás. Como son excelentes oyentes y solucionadores de problemas, convertirse en un coach de vida es una gran opción. Ayudar a los demás a convertirse en la mejor versión de sí mismos le ayudará a poner en práctica su empatía. Como siempre tiene en mente los mejores intereses de los demás, ser coach le resultará natural. Si ha notado que la mayoría de sus seres queridos o conocidos dependen de usted en los momentos en que necesitan consejos, todo se debe a su empatía y comprensión.

Consejero de orientación

Al igual que los profesores, los consejeros de orientación tienen el poder de moldear la vida de un joven adulto. Los orientadores actúan como mentores. Dado que los empáticos son grandes oyentes y solucionadores de problemas, a menudo dan consejos brillantes. Este es precisamente el tipo de consejo que un joven necesita durante los años de formación de su vida. Además, se trata de una experiencia realmente gratificante y satisfactoria para el empático. Como consejero, ayudará a los alumnos en sus esfuerzos, asegurándose de que se mantienen en el camino correcto y persiguen sus objetivos. Deberá ofrecerles ánimos y motivación para que exploren las oportunidades que se les presenten. Todas estas cosas son naturales para un empático, y es una gran manera de canalizar sus superpoderes. Como los empáticos son buenos para entender lo que necesitan los demás—aunque ellos mismos no lo entiendan—trabajar como orientador será una experiencia satisfactoria.

Servicios sociales

A los empáticos les gusta ayudar a los demás y a menudo se desviven por hacerlo. Dado que el mundo necesita desesperadamente empatía y compasión, el trabajo social es una vía que no se debe pasar por alto. Es personalmente gratificante, satisfactorio y edificante. Estas son tres cosas que un empático siempre busca en la vida. Tanto si se decide a ser trabajador social como a trabajar en una organización sin fines de lucro, hay diferentes cosas que puede hacer que le ayudarán a contribuir a la sociedad.

Los empáticos marcan una maravillosa diferencia en cada vida que tocan, y el trabajo social es una opción natural para ellos en el mundo. Sin embargo, cuando se trata de trabajo social, hay que ser cauteloso. Los empáticos prosperan con la felicidad y, por lo general, se sienten mejor consigo mismos si los demás son felices. Si la historia no termina bien o las cosas no resultan para bien, puede pasar factura al bienestar de un empático. Cuando se trabaja con algunos de los miembros más afectados de la sociedad o con elementos negativos, hay que cuidar los niveles de energía. Si se toma las cosas demasiado a pecho y deja que le consuman, su trabajo le abrumará rápidamente. En los capítulos siguientes podrá aprender más sobre cómo proteger y mejorar su energía como empático.

Personal de cuidados paliativos

Al igual que las enfermeras y cualquier otra persona involucrada en la profesión médica, convertirse en un trabajador de cuidados paliativos es otro papel a considerar. Ofrecer confort y consuelo a los pacientes moribundos y a sus familiares hará un buen uso de su empatía. Enfrentarse a una enfermedad que pone en peligro la vida no suele ser fácil. Se necesita motivación y valor para trabajar con estas personas. El trabajo en hospicios implica elementos de espiritualidad y trabajo social. Este trabajo es bastante atractivo para un empático porque no es rígido y no limita sus capacidades. También tiene la oportunidad de influir en la mentalidad y el estado de ánimo de los que le rodean. Esto le ayudará a canalizar su empatía para superar el dolor.

Ser autónomo

Cualquier forma de autonomía es una buena idea para un empático. Si trabaja por cuenta propia, significa que no tiene que depender de otros para ganarse la vida. Es su propio jefe y puede establecer su horario de trabajo de acuerdo con sus necesidades y requisitos. Esto le da un control y una autonomía totales sobre las operaciones de su negocio. También reduce las interacciones con los demás, que son habituales en un entorno empresarial típico. La autonomía le da la oportunidad de explorar su lado creativo y convertir una de sus pasiones en una forma de empleo remunerado. El mundo dominado por la tecnología en el que vivimos ha abierto nuevas puertas a las oportunidades de autonomía. Desde las tiendas de productos de envío directo hasta los negocios en línea, hay varias vías que puede explorar. La mayoría de estos negocios pueden llevarse a cabo desde la comodidad de su propia casa. ¿Qué más puede pedir un empático?

Ahora que ya conoce las diferentes oportunidades de trabajo disponibles que le ayudarán a aprovechar su energía, algunos trabajos no son ideales para los empáticos. Para potenciar sus capacidades empáticas, lo mejor es evitar los trabajos que drenan su energía. Por ejemplo, cualquier trabajo en el que se trate constantemente con otras personas o con el público, en general, puede ser extremadamente estresante. Algunos trabajos obvios que no son adecuados para un empático son las operaciones de venta en las que se tratan con clientes o se ofrece soporte técnico, la publicidad, la venta de productos o el marketing. Incluso ser cajero puede resultar abrumador. Si está constantemente en contacto con otros, absorbe su energía, sus sentimientos y sus síntomas físicos. Otras opciones profesionales que no son ideales para un empático son las relacionadas con la política, las relaciones públicas, la gestión de recursos humanos y los ejecutivos responsables de la gestión de grandes equipos. Convertirse en abogado litigante también será emocionalmente agotador. Sin embargo, ciertas ramas del derecho funcionarán bien para un empático, ya que requieren la madurez emocional necesaria para tratar asuntos difíciles, como la violencia doméstica o los abusos. Cualquier carrera que no estimule su creatividad o imaginación y que requiera una naturaleza extrovertida no es aconsejable. Por lo general, las empresas convencionales tampoco son la mejor opción.

Si no puede cambiar de trabajo o si este no es ideal, puede tomar medidas para hacerlo más cómodo. Utilice las diferentes técnicas de blindaje que encontrará en los siguientes capítulos para proteger su empatía y su energía personal.

Capítulo 10: Cómo liberar su poder como empático

Como empático, es su responsabilidad aprovechar y liberar su poder interior de empatía. Es un superpoder, y debe perfeccionarlo. Sin embargo, la mayoría de los empáticos suelen concentrarse en los demás y se olvidan de sí mismos en este proceso. Cuanto más haga esto, más brillo perderá su empatía. Por lo tanto, lo primero que debe hacer es trabajar en usted mismo y mejorar sus habilidades empáticas. En esta sección examinaremos algunos consejos sencillos que puede seguir para lograr este objetivo.

Reconocer y aceptar

Si desea liberar o desbloquear su verdadero potencial como empático, el primer paso es reconocer y apreciar su don. La mayoría de los empáticos viven sin ser conscientes de que lo son. Algunos luchan por aceptar su empatía. Si usted huye de su empatía o cree que es una carga, no se beneficiará de ella. Por el contrario, no hará más que desequilibrar su vida y dificultar las cosas. La comprensión es su verdadera vocación como empático. Reconozca que está programado para ayudar a los demás y acepte su empatía con los brazos abiertos.

Una vez que acepte su empatía, será más fácil perfeccionar este don. Este es el primer paso para permitir que su empatía interior brille. En los capítulos anteriores, se le presentaron los diversos rasgos de un empático. Si observa esos rasgos en usted mismo o experimenta alguna de las situaciones comentadas anteriormente, usted es un empático. No permita que los demás le etiqueten como "hipersensible" o "susceptible". No, esto es solo un signo de su empatía. La sensibilidad es algo que los demás no tienen. Usted es único y especial tal y como es. No se esconda ni huya de su don. En su lugar, acepte la verdad de que es usted un empático.

Nada de autocompasión

Los empáticos son extremadamente maravillosos, pero carecen de conciencia de sí mismos y tienen bajos niveles de autoestima. Deje de revolcarse en la autocompasión y tome medidas para mejorar su confianza en sí mismo y su autoestima. Si no se controla, la necesidad de un empático de ser amado puede crear una mentalidad de víctima. Su empatía no es una debilidad; es su fuerza. Es la clave para desbloquear su verdadero propósito en la vida. La mayoría de los empáticos suelen sentirse abrumados por su empatía, y esto crea una serie de desequilibrios mentales, físicos y espirituales. Estos desequilibrios facilitan que el empático desarrolle una mentalidad de víctima. Deje de victimizarse y, en su lugar, concéntrese en los aspectos positivos de su vida. Considere todos los casos en los que su empatía le ha ayudado. Ya sea su sentido de la intuición o su imaginación, puede haberle ayudado en algún momento. Una vez que se concentre en las cosas buenas que la empatía aporta a su vida, su autoestima aumentará.

Confíe en su instinto

Los empáticos tienen un fuerte sentido de la intuición debido a su naturaleza altamente sensible. Pueden comprender lo que sienten o experimentan los demás, sin la necesidad de señales verbales. Pueden ver más allá y conocer sus verdaderas intenciones. Cualquier imagen psíquica que perciba, cualquier señal que reciba de ellos, sus vibraciones energéticas o la vocecita en su cabeza, escúchela. Esta es su empatía funcionando. Si su instinto le dice que algo no va bien, hágale caso. Lo más probable es que su instinto tenga razón. ¿Ha habido casos en su vida en los que ha tomado una decisión, incluso cuando toda la lógica lo desafiaba? ¿Le ha dicho una vocecita lo que tenía que hacer? ¿Cuáles fueron los resultados en esos casos? ¿Fueron los resultados positivos y útiles? Si piensa en estos ejemplos, comprenderá que fue su intuición la que le guio. Si su instinto le dice que algo va mal, sin duda algo va mal. Trabaje en mejorar su intuición y confíe en su instinto. Cuanto más se confíe en el instinto, más se afinará su intuición. También le ayudará a alejarse de las personas tóxicas y a crear relaciones sanas y positivas.

Establecer límites

Este libro menciona repetidamente que los empáticos necesitan establecer límites personales. A estas alturas, probablemente usted ya es consciente de que cada persona tiene un efecto diferente sobre usted. Algunos individuos le hacen sentir instantáneamente feliz mientras que otros le drenan toda la energía. Empiece a prestar atención a cómo se siente en determinadas situaciones y con la gente. Si algo se siente mal, definitivamente hay algo que no está bien en la situación.

Utilice su intuición para establecer límites y fronteras personales. El establecimiento de límites es un signo de autoestima y respeto por uno mismo. Le permite saber hasta dónde puede llegar y cuándo debe parar. También enseña a los demás lo que es y no es aceptable para usted. No se conforme con poner los límites, asegúrese también de que hay consecuencias si se violan. Si se siente incómodo en una situación, es señal de que uno de sus límites está siendo vulnerado. Con la práctica y un esfuerzo consciente, terminará por entender cuándo debe alejarse definitivamente y restablecer su empatía. También le ayudará a decir "no" en las situaciones adecuadas y a reducir el estrés. A su vez, le proporcionará más tiempo para concentrarse en las actividades que le gustan y disfruta.

Sin energía negativa

Como empático, es usted una esponja emocional. No discrimina la energía que absorbe de los demás. Puede ser una energía positiva, negativa o cualquier cosa intermedia. Sea lo que sea, usted lo recoge y lo lleva consigo como su energía. Tiene que dejar de hacer esto si quiere crecer como empático. Recuerde: No hay mucho que pueda dar a los demás sin comprometerse a sí mismo. No es su responsabilidad ni su deber arreglar los problemas de todo el mundo. Ayude siempre que sea posible, pero eso es todo. No asuma esas energías o emociones negativas como si fueran suyas, y deje de cargar con ese lastre emocional. Todo esto aumenta la ansiedad que siente y empeorará su estado de ánimo en general. La primera responsabilidad que tiene en la vida es hacia usted mismo.

Hay diferentes técnicas que puede utilizar para deshacerse de las analogías negativas en diferentes situaciones. Por ejemplo, coloque plantas en su lugar de trabajo o en su casa para que absorban las energías negativas. Del mismo modo, puede utilizar cristales protectores como la amatista o el cuarzo para salvaguardar su campo energético personal de las energías no deseadas. Otra técnica sencilla que puede utilizar es cambiar cualquier pensamiento negativo por pensamientos positivos. Mantener siempre una actitud positiva en la vida, disipa rápidamente la negatividad. Pasar un tiempo a solas después de un día agotador también puede eliminar las anomalías negativas que pueda llevar sin saberlo. Intente buscar el humor en cada situación y empiece el día con gratitud. Agradezca todo lo bueno que tiene en la vida y no se regodee en la autocompasión. Si lo desea, puede utilizar afirmaciones positivas para mejorar su calidad de vida en diferentes aspectos.

El poder curativo de la respiración

Siempre que las cosas empiecen a ser un poco abrumadoras para usted, tómese un descanso de la situación. Si no puede alejarse, canalice todas sus energías hacia el interior. Concéntrese solo en usted y en su respiración. Al trasladar toda su atención a su respiración, usted ayuda a reducir el estrés que puede estar experimentando. También le da una mayor sensación de control sobre la situación. Es fácil sentirse abrumado, pero es difícil recuperar el control de uno mismo. La buena noticia es que siempre es posible tener ese poder y esa elección. No permita que nada ni nadie le haga sentirse indefenso. Siempre hay una opción si está dispuesto a tomarla. Aprenda a respirar de forma consciente y atenta. Cada vez que inhale, visualice que está respirando el poder curativo del universo y exhale toda la energía negativa presente en su interior y a su alrededor. Su respiración es una fuerza curativa increíblemente poderosa.

Si es posible, salga al exterior y practique este sencillo ejercicio de respiración. Cada vez que inhale, repita el mantra: "Estoy respirando positividad". Cuando exhale, repita el mantra: "Estoy expulsando la negatividad y me lleno de positividad". Haga este ejercicio durante un par de minutos y pronto se sentirá mejor consigo mismo. Respirar profundamente unas cuantas veces le calma y expulsa cualquier energía negativa. Una vez que su mente esté libre de estrés y negatividad, le resultará más fácil pensar en la situación de forma lógica y racional sin volverse demasiado negativo.

Amor propio

El propósito de su vida no es cuidar de los demás; se trata de cuidarse a sí mismo. El amor propio es esencial para todos, y aún más para los empáticos. Se merece la misma empatía que reserva para los demás. Sea compasivo con usted mismo, con sus pensamientos y con sus emociones. Elabore y siga una rutina de autocuidado adecuada y dedique tiempo a atender sus necesidades y requerimientos. No ignore ningún sentimiento no procesado y, desde luego, no lo reprima. Acéptese a sí mismo para que su vida sea positiva.

No huya de sus emociones y acepte todas sus emociones. La vulnerabilidad no es un signo de debilidad; es su fuerza. Admita que puede ser fuerte y vulnerable al mismo tiempo sin ningún tipo de problema. No se olvide de felicitarse cada vez que escuche a su intuición y salga algo bueno de ella. Retenga todos los recuerdos felices que tenga en su vida y trate de ampliarlos. No permita que la negatividad le deprima. Apréciese incondicionalmente y esté siempre para sí mismo. Después de todo, usted es el único que estará ahí cuando lo necesite.

La meditación ayuda

Todos los empáticos necesitan tiempo de inactividad para recargarse y recuperarse. ¿Qué le pasa a la batería de su teléfono inteligente si lo usa todo el día? Posiblemente no le quede ninguna carga y se apague automáticamente. Pues bien, esto es más o menos lo que les ocurre a sus niveles de energía si no los recarga. Utilizando esta analogía, la meditación es similar al cargador de su teléfono. Existe una idea errónea de que la meditación tiene que ver con la religión. No, es una herramienta para la espiritualidad. Espiritualidad y religión son dos conceptos diferentes. No es necesario ser religioso para ser espiritual.

Medite durante al menos cinco o diez minutos al día y verá un cambio positivo en su vida. Es una forma estupenda de conectar con las poderosas energías del universo, a la vez que se libera de las energías tóxicas. La meditación puede hacer que se sienta con los pies en la tierra y centrado. Libera la sobrecarga sensorial y da a su cuerpo, mente y corazón un descanso muy necesario. Mientras medita, visualice que está rodeado por una burbuja protectora que impide que la energía tóxica llegue a su espacio personal. Esta burbuja elimina la energía innecesaria que ha absorbido durante el día y la sustituye por energía positiva. Concéntrese en esta energía siempre que se sienta agotado.

Pasos para convertirse en un empático experto

Si está cansado de sentirse como un empático sobrecargado y abrumado, es hora de recuperar el control de su vida. En esta sección, aprenderá sobre las siete fases por las que debe pasar para convertirse en un empático hábil.

La mayoría de los empáticos están atascados en la primera fase, conocida como *fase de carga*. Su sensibilidad puede sentirse como una grave debilidad o una carga que le está atenazando. Su empatía puede sentirse como una deficiencia. Es probable que se esfuerce por demostrarse a sí mismo y al mundo en general que es más fuerte de lo que creen. Está cansado de sentir y experimentar las emociones de los demás. Si está en esta fase, lo primero que debe hacer es aceptar que es un empático. Si ha llegado a este capítulo, tiene una idea bastante clara de lo que significa la empatía y de cómo es la vida de un empático.

Ahora que ha aceptado su don, es el momento de cuidar de sí mismo. La segunda fase consiste precisamente en el *cuidado básico de sí mismo*. Tómese tiempo para descansar y recuperarse. Evite los ambientes tóxicos o cualquier situación que estimule sus sentidos. Acepte y haga las paces con sus altos niveles de sensibilidad, y su empatía no se sentirá como una debilidad. A estas alturas, probablemente se haya dado cuenta de las diferentes circunstancias e individuos que drenan su energía.

La tercera fase consiste en *comprender sus energías*. Puede utilizar la meditación y la visualización para limpiar su campo energético y evitar la acumulación de energías tóxicas. Para ello, tiene que ser consciente de todas sus interacciones. ¿Cómo se siente cuando se encuentra con determinadas personas o va a determinados lugares? Anote cómo se siente cuando se aleja de esas personas o lugares. Esta sencilla práctica le ayudará a comprender sus niveles de energía personal y el efecto que los demás tienen sobre usted. A estas alturas, probablemente se sienta mejor con su empatía, pero tiene la sensación de que lo que está haciendo no es suficiente.

Pues bien, esto nos lleva a la cuarta etapa, en la que debe *entrenar su empatía.* Necesita reprogramar cuidadosa y conscientemente su mente subconsciente y sus patrones de pensamiento. Esto ayuda a prevenir la absorción de sentimientos externos. Verá un cambio positivo en su actitud hacia usted y el mundo. Una vez que intente conscientemente evitar la absorción de las emociones y pensamientos de los demás, sus campos de energía se fortalecerán. Se sentirá más ligero y cualquier niebla mental que haya experimentado durante las fases anteriores se desvanecerá. Se sentirá más cómodo en su piel y aceptará el hecho de que es un empático.

La quinta fase para convertirse en un empático experto consiste en *controlar sus campos de energía.* Durante esta fase, se da cuenta de cuánto más control siente en las situaciones en las que no se hace cargo de los sentimientos de los demás. Le da tiempo y energía para procesar sus pensamientos y emociones. Esta etapa incluye mucha autorreflexión. Comienza a comprender que tiene dones que puede utilizar para ayudar a los demás. Al mismo tiempo, también se da cuenta de que no es su responsabilidad arreglar la vida de los demás. Siga los pasos necesarios para aceptar la simple verdad de que solo es responsable de sus pensamientos, acciones, sentimientos, etc. Tome el control de su vida diaria y ámela en sus términos.

Si continúa practicando las diferentes cosas que ha aprendido en las fases anteriores, llegará a una fase de mayor claridad. Al reprogramar su subconsciente para que no absorba energías o emociones no deseadas, llega a un punto en el que se siente cómodo en las multitudes. Puede que no se sienta extremadamente cómodo, pero no se sentirá abrumado como antes. Si todavía se siente abrumado cuando está entre multitudes, probablemente necesite practicar la conducción de su empatía. Compruebe constantemente su estado después de exponerse a las energías intensas de los demás. Incluso si capta algo, en esta etapa, tiene un control total sobre sus energías para dejar ir las cosas que no quiere.

Si continúa trabajando en su empatía, finalmente alcanzará la fase final en la que se convertirá en un *empático experto*. En esta fase, incluso cuando recoge las energías o emociones de los demás, no sobrecarga ni abruma sus sentidos. Su sensibilidad está controlada y habrá días en los que incluso olvidará que es un empático. Por fin tiene el control y está en paz.

Capítulo 11: Técnicas de blindaje para empáticos

Si desea prosperar como empático, es importante protegerse de las energías negativas. Los empáticos son susceptibles a la estimulación excesiva, al agotamiento y a la sobrecarga sensorial. Por lo tanto, lo primero que debe hacer es reconocer cuándo está sobrestimulado y está experimentando cualquier forma de sobrecarga sensorial. Empiece a prestar atención a cuando absorbe energía negativa de los demás. Al blindar y proteger sus energías, esencialmente está limpiando su aura. Su empatía es como una red Wi-Fi gratuita. Cualquiera que esté dentro del alcance de la señal de su red Wi-Fi puede conectarse y utilizar sus datos. Aprender a hacer que esta red esté protegida y sea selectiva, es la forma más sencilla y segura de garantizar que su campo energético no se agote. En esta sección examinaremos las técnicas prácticas que puede utilizar para protegerse de las energías y emociones no deseadas.

Visualización de un escudo

El blindaje es la forma más rápida y eficaz de protegerse. ¿Qué es lo primero que le viene a la mente cuando piensa en la palabra blindaje? Probablemente los caballeros medievales que sostenían un escudo para proteger sus cuerpos. Pues bien, una meditación con blindaje hace lo mismo con su campo energético. Está creando una barrera a su alrededor que impide que otras energías entren en su aura. Puede utilizar esta técnica para bloquear la energía tóxica y aumentar el flujo natural de la positividad. Siempre que se sienta incómodo en una situación, lugar o cerca de una persona, levante su escudo protector. Rodéese de energía positiva.

Lo mejor de esta visualización de un escudo, es que puede hacerlo siempre que quiera, esté donde esté. Para empezar, cierre los ojos y respire profundamente unas cuantas veces. Mientras lo hace, visualice un maravilloso escudo de luz blanca brillante que rodea su cuerpo. Se extiende desde la punta de los dedos de sus pies hasta la parte superior de su cabeza, cubriendo cada centímetro de su cuerpo físico. Siga visualizando este escudo eliminando cualquier energía no deseada presente dentro y fuera de su cuerpo mientras bloquea la energía tóxica adicional. Cuando se sienta tranquilo y centrado, abra los ojos y termine la meditación. Recuerde: Este escudo protector permanecerá con usted durante todo el día o hasta que lo necesite. Invóquelo siempre que surja la necesidad.

Meditación protectora

Habrá casos en los que necesite un poco de apoyo adicional para superar el día. En esos casos, utilice la meditación del jaguar protector. Es ideal para situaciones en las que hay demasiada negatividad que le bombardea. El jaguar es un guardián paciente, feroz y protector que aleja la energía y los individuos tóxicos.

Cierre los ojos, respire profundamente un par de veces y calme su mente. Una vez que se encuentre en el estado de meditación perfecto, invoque al espíritu del jaguar para que lo proteja. Sienta cómo el jaguar entra en su campo energético. Para ello, visualice a la majestuosa criatura en el ojo de su mente patrullando graciosamente a su alrededor. Mientras, el jaguar patrulla su campo energético, lo protege, aleja la energía no deseada y mejora su energía personal. Haga su visualización del jaguar tan clara y precisa como pueda. Visualice sus ojos, sus movimientos gráciles, su cuerpo poderoso, sus músculos ondulantes y sus movimientos elegantes. Mientras el jaguar le rodea, usted está protegido y seguro. Evitará que todo lo negativo se acerque a usted. Ponga su confianza en esta criatura y agradézcale su protección. Siempre que usted lo necesite, puede invocarlo y lo protegerá. Sienta el poder de esta meditación y deje que le acompañe durante todo el día. Cuando se sienta tranquilo y seguro, abra los ojos y vuelva a su rutina habitual.

Límites energéticos

En uno de los capítulos anteriores, se le presentó el concepto de establecer límites energéticos. Ya sea en su casa o en su oficina, cree un límite energético alrededor de su espacio personal. Esto le ayudará a reducir el estrés que experimenta y evitará que la energía negativa entre en su espacio sagrado. Si se encuentra constantemente en un entorno abarrotado o emocionalmente desafiante, llene su espacio exterior con fotos familiares, cristales protectores o plantas. Estos objetos ayudan a establecer una barrera psicológica similar al efecto de los auriculares con supresión de ruido.

Defina y exprese sus necesidades

Una forma sencilla de autoprotección es reconocer y comprender sus necesidades y hacerlas valer. Ser asertivo no es lo mismo que ser egoísta. Significa esencialmente que usted sabe lo que quiere y no tiene miedo de pedirlo. Una vez que aprenda a ser asertivo en cualquier relación, le dará un control total sobre su situación y le garantizará una relación feliz y equilibrada. Si algo no le parece bien, hable con su pareja sobre ello. Aprenda a definir y expresar sus necesidades en una relación, especialmente las románticas. En lugar de dejar que sus emociones negativas le preocupen y consuman, comuníquelas. Encontrar la voz para defenderse es similar a dar rienda suelta a su superpoder o empatía. De lo contrario, los demás le darán por sentado y aumentará su ansiedad. Recuerde que usted es un empático, pero eso no significa que todos los demás a su alrededor también lo sean. A veces, lo único que tiene que hacer es preguntar o expresarse. Por lo tanto, no dude en hacerlo. Si siente que le falta algo, búsquelo en lugar de dejar que las emociones negativas le abrumen.

Evite una sobrecarga de empatía

La sobrecarga de empatía es muy posible cuando absorbe constantemente el estrés o cualquier otro síntoma que muestren los demás. Por lo tanto, es necesario desprenderse de esta negatividad. La forma más sencilla de evitar la sobrecarga de empatía es pasar tiempo al aire libre. Aunque solo sea durante quince minutos al día, pasar tiempo al aire libre es importante. Aprenda a equilibrar su necesidad de tiempo a solas con el tiempo que pasa con otras personas. La gestión del tiempo es una habilidad que resultará muy útil para todos los empáticos. Aparte de esto, aprenda a poner límites, especialmente cuando sepa que se relaciona con individuos tóxicos. Aprenda a decir "no" y no se sienta culpable por ello. Decir "no" es una frase completa, y no es necesario ofrecer explicaciones a nadie. Si algo no le parece bien, confíe en su instinto y siga adelante.

Expulse la negatividad

Si se siente triste, decaído, ansioso o experimenta algún malestar físico sin razón aparente, es probable que todo esto no sean *sus* sentimientos. Si se siente incómodo en torno a una persona o un lugar concreto, es un signo de negatividad. Escuche su intuición en tales situaciones. Aquí hay un sencillo ejercicio de respiración que puede realizar para liberarse de cualquier elemento negativo. Cierre los ojos y concéntrese solo en su respiración durante un par de minutos. Respire lenta y largamente y exhale lentamente. Al inhalar, imagine que está respirando todo lo bueno y exhalando lo malo. La respiración ayuda a expulsar la negatividad de su cuerpo.

Siempre que realice este ejercicio de respiración, puede repetir un sencillo mantra. Para obtener mejores resultados, repítalo tres veces y en un tono que diga que habla en serio. Puede decirlo en voz alta o incluso repetirlo mentalmente. El mantra es: "Regresa de nuevo al emisor, regresa de nuevo al emisor, regresa de nuevo al emisor". Reencauce su empatía interior y devuelva la energía no deseada al universo. Mientras repite este mantra, concéntrese en la región lumbar. Este lugar suele actuar como un conducto para la energía negativa. Cuando se concentra en esta región y exhala mientras repite este mantra, ayuda a su respiración a eliminar la energía tóxica que está experimentando.

Cuestione sus sentimientos

Si nota un cambio repentino en su estado de ánimo, su energía o sus sentimientos, es una señal de que está absorbiendo la energía de otra persona. Si no se sentía triste, ansioso o agotado antes de ese malestar o agitación interna, puede ser que la energía que está absorbiendo no sea la suya, sino la de los demás que le rodean. Cuando note este sutil cambio en usted, cuestione sus sentimientos. En lugar de aceptarlos como suyos, desafíelos. No hay espacio para otros aspectos de la vida si no se siente cómodo en su piel. Si la otra persona está experimentando un problema similar al que usted atraviesa y aún no lo ha resuelto, los sentimientos o síntomas que usted experimenta se magnifican aún más. No permita que esto ocurra con usted, y aprenda a identificar las emociones que siente la otra persona. Si las emociones perturbadoras que está experimentando no son suyas, aléjelas. Para ello, puede utilizar la técnica de meditación comentada en los puntos anteriores.

Dé un paso atrás

Si sospecha que algo o alguien le está afectando negativamente, aléjese de la fuente sospechosa. Aléjese al menos seis metros y observe cómo se siente. No tiene que preocuparse por ofender a los desconocidos. En su lugar, concéntrese en sus niveles de energía. Decir "no" a ciertas energías está perfectamente bien y es una forma de autoprotección. Por ejemplo, si está sentado en un restaurante junto a un grupo bastante ruidoso, cambie la disposición de los asientos o incluso váyase si se siente incómodo. Además, no olvide centrarse en usted mismo. Si sigue intentando complacer a los demás o se preocupa por ofender a los demás, no podrá vivir la vida al máximo. Permitirse alejarse de la situación que le perturba es una forma de autocuidado y autopreservación. Los entornos sociales pueden ser extremadamente abrumadores para un empático. Por lo tanto, no dude en tomarse un descanso de todas estas cosas. Una vez que haya repuesto sus energías, depende totalmente de usted si quiere volver a ese entorno o no.

Desintoxicación con agua

El agua ayuda a eliminar la energía negativa y a disolver el estrés. La forma más sencilla de proteger y preservar su energía es tomando un baño tranquilo. Un baño de sales de Epsom es una forma maravillosa de calmarse. También aporta magnesio, que tiene un efecto calmante. Para potenciar el efecto armonioso general, puede añadir al agua del baño un par de gotas de aceites esenciales calmantes, como la lavanda. Un baño relajante al final de un día agotador le hará sentirse renovado. Además, un buen baño es un gran ritual a la hora de acostarse, ya que un baño relajante puede mejorar la calidad del sueño. Para hacerlo más especial, puede encender algunas velas aromáticas y sumergirse en las bondades del agua.

Conectar con la naturaleza

Los empáticos se sienten atraídos por la naturaleza y la adoran. La naturaleza les hace sentirse seguros y en casa. Les da la oportunidad de conectar con su interior sin preocupaciones ni prejuicios. Al igual que el agua elimina la negatividad, pasar tiempo en la naturaleza tiene un efecto similar. Reconectar con la naturaleza ayuda a sanar las deficiencias energéticas que se experimentan. También ayuda a eliminar la energía negativa y la sustituye por pura positividad. Camine sobre la hierba y permanezca descalzo durante un rato. Deje que sus pies estén en contacto directo con la tierra y sus energías curativas. Estar descalzo produce un efecto de conexión a tierra para los empáticos.

Mantenga el contacto directo con la tierra hasta que se sienta tranquilo y restaurado.

No se olvide de expresar su gratitud una vez que la energía curativa de la tierra le haya ayudado. Siga haciendo esto diariamente y verá un cambio positivo.

Todas las técnicas de blindaje comentadas en esta sección son sencillas, pero requieren práctica. Con la práctica constante, el tiempo y el esfuerzo, conseguirá dominarlas. Incluso si no tiene éxito inmediatamente, no se preocupe; siga practicando. La sobrecarga sensorial es bastante común, y si no desea sentirse agotado y ansioso a causa de la energía de otra persona, protéjase. Hágase cargo de su vida y de sus sentimientos. No tiene que ser una víctima; en cambio, aprenda a regular sus sentimientos.

Capítulo 12: El papel de los empáticos en el mundo actual

"¿Cuál es mi propósito en la vida?".

"¿Cuál es mi propósito como empático en la tierra?".

La mayoría de los empáticos luchan por responder a estas dos preguntas comunes, especialmente cuando están aprendiendo a abrazar su empatía y a aprovechar su poder. De hecho, la mayoría de las personas se preguntan sobre el propósito de su vida y el papel que deben desempeñar. Esta pregunta puede sonar profundamente personal e incluso espiritual hasta cierto punto. Al fin y al cabo, todo el mundo quiere formar parte de algo grande o saber que su vida tiene sentido y que no está simplemente perdiendo el tiempo en este planeta. Cuanto más tiempo se deje sin respuesta esta cuestión, más frustrante será. Esta frustración se magnifica para un empático. Es igualmente frustrante reconocer que ha sido bendecido con un don que otros no tienen, y sin embargo no sabe qué se supone que debe hacer con él. No saber para qué sirve este don o qué puede hacer con él puede ser extremadamente preocupante y agotador para un empático.

Como empático, es consciente de su deseo inherente de ayudar a los demás. A los empáticos les encanta ayudar a los demás y a la sociedad en general. Sin embargo, es fácil que se sientan abrumados si pasan periodos prolongados con demasiada gente. Esto, a su vez, hace más difícil determinar el propósito de su vida. El deseo o la necesidad básica de servir a los demás es una característica inherente de todos los empáticos. Por lo general, esto se deriva de algún sufrimiento que los empáticos soportan durante una determinada fase de sus vidas. Al haber experimentado algún dolor, aumenta su necesidad de aliviar la angustia que otros puedan experimentar. Esto, unido a la necesidad de un empático de ser útil, hace que sea aún más importante para un empático determinar su propósito en la vida.

Está bien intentar ayudar a los demás, pero hay una lección importante que toda experiencia dolorosa nos enseña a lo largo de la vida. Es igualmente importante dejar que las personas vivan sus vidas, sin acudir a su rescate cada vez que note algún sufrimiento. Ciertas lecciones están destinadas a ser aprendidas, y a menos que aprendan estas lecciones, seguirán repitiendo los mismos patrones. No todo el sufrimiento es necesariamente malo, y hay un lado positivo incluso en las nubes más oscuras. El sufrimiento ha ayudado a los humanos a evolucionar. Actúa como una comprobación de la realidad que les despierta y les impulsa a buscar un nuevo y mejor camino en la vida. El sufrimiento también puede ser una fuente de iluminación y despertar espiritual. Independientemente de la angustia que la gente haya soportado, necesitan dirección y un sentido de propósito. Es posible que desee ayudar a los demás a encontrar la dirección o el camino correcto para ellos mismos; sin embargo, esto es una decisión personal, y todo lo que puede hacer es ayudarles cuando lo necesiten.

Todos los empáticos son únicos, y lo que puede ser bueno para uno no es necesariamente bueno para otro. Por lo tanto, no se agobie, no se preocupe por los demás y aprenda a concentrarse primero en usted mismo. Desarrolle un sentido agudo de autoconciencia y empatía antes de llegar a los demás. Muchos empáticos creen que no pueden cumplir el verdadero propósito de su vida si no se relacionan con los demás. Esta es la parte en la que la cosa se complica. Como empático, no es posible pasar mucho tiempo con la gente porque se vuelve emocional y mentalmente abrumador.

Una simple verdad que debe aceptar es que no siempre tiene que estar al servicio de los demás directamente. También puede ayudar indirectamente a los demás. Hay varios trabajos entre bastidores que puede realizar para aportar su granito de arena a la sociedad. Cuando se trata de comprender su empatía, aprenda a escuchar su instinto. Confíe en su intuición y déjese guiar por ella. La respuesta a "¿Cuál es el propósito de su vida como empático?" no es algo que se pueda descubrir de la noche a la mañana. Es un viaje de autodescubrimiento. Deje de ser duro consigo mismo y aprenda a ser paciente. El universo tiene algo reservado para todos.

Probablemente ni siquiera se ha dado cuenta, pero hace más por los demás de lo que cree. Ayudar a los demás no significa necesariamente mejorar sus vidas. Puede ser tan sencillo como escucharlos, cuando necesitan ser escuchados o darles el tiempo y el espacio necesarios para curarse. Escuchar también es una gran forma de sanar. Hoy en día, la mayoría de las personas están ocupadas hablando todo el tiempo y rara vez tienen tiempo para escuchar. Están ocupadas pensando en sus historias y en lo que tienen que hacer a continuación. En un mundo así, los empáticos son realmente una raza rara de excelentes oyentes. Lo hacen no solo porque quieren, sino también porque les importa. Como ya hemos dicho, probablemente esté ayudando a los demás de más formas de las que se da cuenta. Por lo tanto, deje de preocuparse y no sea tan crítico consigo mismo.

Si desea hacer del mundo un lugar mejor, concéntrese primero en curarse a sí mismo. Mejórese a sí mismo y ya habrá aportado su granito de arena a la sociedad. Cuando se trata de encontrar el propósito de su vida, escuche a su corazón y siga su intuición. Sin embargo, antes de que pueda empezar a hacerlo con éxito, es importante entender sus energías y mantenerlas bien equilibradas. Si su empatía está desequilibrada, se sentirá ansioso, abrumado y deprimido. Si ha aceptado su empatía y ha adquirido un sentido de equilibrio y control sobre ella, interactuar con los demás se vuelve más fácil. La energía de un empático desequilibrado suele estar distorsionada y sus respuestas intuitivas son limitadas.

Una condición de salud subyacente, los trastornos no diagnosticados, la intolerancia alimentaria o la incapacidad de blindar su energía son razones comunes por las que su empatía no está equilibrada. En estos casos, la forma de interpretar su intuición y de reaccionar ante los que le rodean también es diferente. Si cualquier dolencia física o mental le debilita, no podrá funcionar de forma óptima como empático. También reducirá cualquier inclinación que pueda tener para ayudar a los demás. Por lo tanto, es importante que se ponga la máscara de oxígeno antes de ir a ayudar a los demás. No podrá ayudar a nadie, y mucho menos a usted mismo, si no comprende su empatía.

La buena noticia es que este problema se puede solucionar fácilmente. Usted tiene el control total de su vida, incluso cuando no lo entiende en este momento. Tiene el poder de aceptar y rechazar cualquier energía o emoción que experimente. Nadie más tiene el control sobre esto. Deje de sentirse indefenso e impotente. Es hora de recuperar el control de su vida. Siga los sencillos y prácticos consejos y técnicas comentados en los capítulos anteriores sobre cómo proteger su energía y aprovechar su poder. Cuide de sí mismo y desarrolle un buen régimen de autocuidado.

No se presione y deje de creer que es una máquina incansable. Desarrolle su intuición, proteja su energía, calme su mente y deshágase del estrés innecesario. Al hacerlo, se sentirá más equilibrado y con más energía. También ayudará a determinar su razón y propósito como empático. Recuerde: Su vocación no es solo ayudar a los demás; también es disfrutar de su tiempo en este planeta. Las personas no son inmortales, así que aprenda a disfrutar de una vida mortal. Deje de obsesionarse con la idea de ayudar a los demás hasta el punto de olvidarse de sí mismo en este proceso. Que usted sea un empático no significa que tenga que sufrir para aliviar el sufrimiento de los demás constantemente. Usted estará cometiendo una grave injusticia. Conózcase a sí mismo y respete su empatía. Es un don que debería aprender a valorar. Al mismo tiempo, aprenda a establecer y aplicar límites que le impidan excederse.

La vocecita en su cabeza, que le dice que reduzca el dolor de los demás, es una llamada de su alma. En esencia, le dice que algo no va bien y que tiene que cambiar. Usted tiene todo el poder para ser el cambio que quiere ver en el mundo. Nunca es demasiado tarde para cambiar el rumbo de su vida.

Muchos creen que la empatía es un regalo del universo para ayudar a la humanidad. El agudo sentido de la intuición de un empático y su comprensión del sufrimiento humano le obligan a aportar su granito de arena al mundo. Tómese tiempo para la autorreflexión, medite y concéntrese en responder a las preguntas importantes que tiene sobre su vida. Repase sus rasgos de carácter y todas las habilidades que tiene y anote las diferentes formas de servir a los demás. Sus talentos únicos y un corazón abierto y generoso son los regalos que el mundo necesita ahora mismo. Una vez que se aprovecha y se comprende realmente la empatía, vivir la vida como un empático resulta fácil. También le ayudará a ver el panorama general y a comprender cómo encaja en él.

Conclusión

Disfrutar al máximo de la vida o llevar una existencia despreocupada puede resultar complicado si tiene problemas de empatía. Intente comprender que la empatía es un don hermoso y único con el que solo unos pocos afortunados han sido bendecidos. Los empáticos a menudo se encuentran con dificultades y retos en su vida diaria porque luchan por aceptar su don para la empatía. A menos que comprenda, reconozca y abrace su don con los brazos abiertos, vivir la vida como empático no será fácil. Reconozca sus bendiciones y su vida será maravillosa. En lugar de sentir que falta algo en su vida, concéntrese en los aspectos buenos. El primer paso es aceptar su don para la empatía y trabajar para potenciarlo.

En este libro, se le ha dado toda la información que necesita para comprender la empatía, reconocer sus puntos fuertes, superar las debilidades y aprovechar realmente los poderes de la empatía. Mejorar y fortalecer sus habilidades es tan importante como protegerse de los vampiros energéticos y los narcisistas. A menos que haga esto, lo más probable es que su campo de energía personal se agote rápidamente y se sienta abrumado e inquieto. Si entiende sus habilidades, le resultará más fácil fortalecerse y curarse a sí mismo. Después de todo, no puede ayudar a los demás si no se ha ayudado a sí mismo primero. Por lo tanto, es hora de tomar el control de su vida y empezar a seguir los sencillos consejos que se presentan en este libro.

Ahora que ha descubierto cómo evitar los errores comunes que cometen los empáticos, puede establecer relaciones fuertes y saludables, y encontrar la mejor manera de utilizar su poder. La empatía es un superpoder que debe aceptar. Cuanto antes lo haga, más fácil será aprovechar este don. Como con cualquier otra cosa en la vida, es esencial que sea paciente y considerado consigo mismo. La empatía que reserva para los demás debe dirigirse también hacia usted. Siguiendo la útil información que se ofrece en este libro, se encontrará un paso más cerca de alcanzar la paz interior que desea. Recuerde: La clave de su felicidad está en sus manos. A menos que le dé este poder a otra persona, nadie más puede quitárselo.

Mientras utiliza los consejos prácticos y las técnicas de este libro, sea paciente, compasivo y comprensivo consigo mismo. Cúrese a sí mismo como empático y libere el potencial de su empatía. Tiene el poder de ayudar a cambiar el mundo.

Segunda Parte: Persona altamente sensible

El poder oculto de una persona que siente las cosas con mayor profundidad y lo que una PAS puede hacer para prosperar

MARI SILVA

PERSONA ALTAMENTE SENSIBLE

El Poder Oculto de una Persona que Siente las Cosas con Mayor Profundidad y lo que una PAS Puede Hacer para Prosperar

Introducción

Qué bueno que haya tomado la decisión de abrir la portada de este libro esclarecedor. Estará al tanto de algunas perspectivas inusuales y diferentes sobre las personas altamente sensibles (PAS).

Ha notado que hay una diferencia entre vivir y estar vivo. Mientras tanto, para comprender mejor este aspecto de la vida en lo que respecta a ser una PAS, se expondrán varios escenarios que aclararán sus dudas.

No está mal no saber dónde se encuentra en el mundo de las personalidades, pero seguramente llegará a una conclusión sólida una vez que haya pasado por el primer capítulo, en el que se le guiará para comprender los rasgos y hábitos que constituyen una personalidad altamente sensible. Esto le ayudará a aclarar las cosas.

Prepárese para identificarse con algunas de las experiencias del libro y, al mismo tiempo, adquirir un amplio conocimiento de experiencias nuevas o extrañas respecto a sus sentimientos y su trato con las personas.

No importa si eres un principiante. El libro está escrito de manera simple y completa para ayudar incluso a las personas menos informadas a comprender la personalidad altamente sensible.

No debería sorprendernos que un día se encuentre analizando ciertos escenarios y conceptos bajo una luz diferente. Este libro, único entre los demás, analiza los sentimientos y rasgos más íntimos de las personas altamente sensibles.

No le deja solo con sus pensamientos. Lo guiará a través de cada etapa para ayudarlo a comprender mejor por qué un sentimiento en particular *ES lo que es.*

Profundice, reflexione, conecte y prepárese para ser una persona más sensible que no solo se mueve según lo exigen las situaciones, sino alguien que prospera y navega hacia el desarrollo personal contra todo pronóstico.

Capítulo 1: ¿Es usted una persona altamente sensible?

Supongo que está leyendo este libro en un intento de descubrir más sobre usted mismo o sobre otra persona que crees que podría encajar en la descripción de una Persona Altamente Sensible (PAS). ¿Pero qué significa exactamente eso?

La mayoría de las veces, las personas que atraviesan una condición psicológica apenas lo saben, y solo unos pocos saben completamente lo que implica y cómo manejarlo. Este libro ofrece un reconocimiento rápido de estas condiciones.

La Dra. Elaine Aron acuñó el término "persona altamente sensible" en los años 90, y aproximadamente el 20 % de la población mundial posee este rasgo. Es una persona con un sistema nervioso central agudizado. Esto significa que la persona siente las cosas (tanto física como emocionalmente) con más intensidad que otros y responde tanto a los estímulos internos como externos.

La ciencia ve a una típica PAS como una persona con sensibilidad de procesamiento sensorial. Esto se refiere principalmente al cerebro, más que a los sentidos. Este rasgo no es como el sexto sentido de Spiderman, sino que tiene que ver con la capacidad de su cerebro para lidiar con el material con mayor intensidad.

¿Se siente susceptible a los sonidos fuertes, las luces brillantes o los olores fuertes? ¿Procesa la información en profundidad antes de responder? ¿Siente las emociones (tanto las suyas como las de los demás) con fuerza o es más sensible a los efectos de la cafeína, el alcohol, los medicamentos, el dolor o el hambre? Si es así, debe sentirse interesado en este viaje de autodescubrimiento.

Algo muy destacable es que las PAS nacen así, es un rasgo innato y genético más que un diagnóstico médico o psicológico. Esto significa que este rasgo no es un problema o defecto, pero al igual que tener el cabello rubio u ojos azules, tiene sus ventajas y desventajas.

Una persona altamente sensible (PAS) podría confundirse con un empático o un autista, pero sus rasgos no giran solo en torno a la empatía. Si bien el autismo y las PAS pueden superponerse en muchas áreas, son diferentes.

Lo mejor para usted es marcar las casillas correctas usted mismo, así puede aprender en qué parte del espectro se encuentra.

Profundicemos en lo que hace que un individuo sea sensible.

1. Consciencia de sucesos sutiles

Esta es sin duda una de las características más notables de alguien con esta habilidad. Dado que sus sentidos se intensifican, nota un cambio en diferentes aspectos del entorno, como sonidos leves, decoración, aromas y emociones. Además de notar estos cambios, a menudo reacciona ante ellos.

Desde el aroma del café recién hecho hasta la sensación incómoda que siente cuando está en una habitación que está a medio pintar.

La razón es que su mente reacciona de manera diferente y posee más ínsula. Esta es la parte del cerebro que mejora la autoconciencia. A partir de una observación cuidadosa, las PAS dejarán de hacer lo que están haciendo y pensarán en su próximo movimiento. No actúan en ese momento, en cambio, necesitan tiempo para digerir cualquier problema que enfrenten.

La razón es que están recibiendo más información de su entorno y su contacto con otras personas. Sienten más y necesitan digerir todo esto. Por lo tanto, si cree que "siente demasiado" o que "se toma las cosas demasiado en serio", es posible que sea una persona altamente sensible. Pero eso no es todo.

2. Siente una fuerte aversión por la violencia y la crueldad

Debido a que sienten las cosas más profundamente que los demás, a menudo reaccionan más fuerte ante cualquier forma de violencia o crueldad. Es simple, sus niveles de tolerancia a la agresión son muy bajos porque no solo lo perciben, sino que parecen estar *experimentándolo* también.

Si usted es una PAS, es posible que no pueda sentarse a ver una película de guerra completa sin sentirse mal del estómago o traumatizado, simplemente porque atraviesa el dolor de las víctimas como si fuera suyo. Aunque los niveles de tolerancia a la violencia varían entre las distintas PAS, generalmente son bajos.

Esto podría ocurrir por varias razones:

-Sus neuronas espejo (la parte del cerebro que permite a las personas percibir lo que ven) son más activas. Significa que cada vez que presencia actividades, las experimenta como si le estuvieran sucediendo directamente a usted.

-No solo observa, también comprende. Alguien con una mente muy sensible experimenta el mundo con pasiones fuertes y distintivas. Esto afecta sus reacciones a lo que ve u observa. Una persona altamente sensible se sentirá terrible e incomodado frente a visiones sangrientas.

-Las emociones duran más que el acontecimiento. Si bien muchas personas pueden sorprenderse de inmediato al ver una película de terror o experimentar una situación aterradora, lo superan poco después, pero este no es el caso para las PAS. Para ellos, superar esas emociones es casi imposible. Es más probable que sientan los efectos emocionales durante mucho tiempo. Es posible que sigan sintiendo el dolor varios años después cuando alguien o algo les recuerda aquel evento.

-Su sueño puede verse afectado. Todo lo que te quite el sueño no es bueno para tu cuerpo y tu estilo de vida. Todo el mundo necesita dormir, dormir es muy importante porque es necesario descansar y recargar energías para el día siguiente y toda la sensibilidad que eso conlleva. Si presenciar un evento sangriento o ver películas aterradoras le quita el período de descanso (porque procesa repetidamente la información que recibió), es hora de reconsiderar las películas de terror y las situaciones desconcertantes.

-No puede controlarlo. Muchas personas tienen la habilidad de bloquear aquello con lo que no quieren interactuar: sonidos, imágenes y todo lo demás. Esta habilidad choca directamente con la capacidad de sentir, por lo que no tienen la opción de bloquear las imágenes que han visto. Su cerebro sigue reproduciendo los eventos y podría ser traumatizante, por lo que está claro por qué la violencia es un gran disparador.

3. Desempeño deficiente bajo presión

Trabajar bajo presión también puede generar problemas para alguien que padece esto, ya que la estimulación que sufre proviene de muchas fuentes. La intensidad de tener que hacer las cosas en un plazo determinado las hará sentir mucho más sensibles.

Por lo general, están demasiado ansiosos cuando emprenden una tarea con una fecha límite. Incluso la toma de decisiones básica es a menudo muy agotadora para ellos debido a todo el pensamiento involucrado, y luego tener que hacer todo eso con un horario en mente se vuelve aterrador.

La presión que conlleva que se le dé una fecha límite ciertamente podría obstaculizar por completo el progreso de la tarea. En este punto, comienza a dudar de sí mismo y de sus habilidades para cumplir, y probablemente imagina el peor de los casos (que no puede entregar la calidad que espera de usted en el tiempo esperado).

La Dra. Elaine Aron, autora del libro "La persona altamente sensible", confirma que a menudo tienen dificultades cuando se enfrentan a fechas límite y se sienten presionados para completar una tarea. Esto se debe a la profundidad de pensamientos que le da al proceso.

Puede notar que está pensando demasiado y, por lo tanto, descubrir que pierde la noción del tiempo o incluso notar que su mente está sobreestimulada cuando hay muchas cosas a su alrededor.

4. Percepción

Cuando piensa profundamente en los detalles, tiende a comprenderlos mejor y, por tanto, afronta esas situaciones mejor que las alternativas. Les resulta fácil comprender estas ideas porque casi nunca las ven como valores superficiales. Al contemplar una obra de arte, usted no se limita a mirar y decir: "¡Vaya, es precioso!", sino que quiere descubrir qué técnica se ha utilizado, por qué y qué mensaje ha querido transmitir el artista.

Otros ven esto como algo perspicaz y buscan ayuda y consejo de quienes lo rodean que posean esta habilidad. Esto es aún más pronunciado en personas extrovertidas porque son más vocales con sus opiniones y compartirán sus pensamientos en profundidad con cualquier otra persona que los escuche.

5. Mantenerse solo

Es uno de dos factores: O entiende el deseo de tomar un descanso de los eventos que lo provocan, o quiere recargar su fuerza interior, que parece disminuir constantemente. Solo aguante, la razón está surgiendo ahora mismo. Sin embargo, mantener sus problemas en privado no significa que sea introvertido. Por lo general, precisa tiempo para procesar la información.

La explicación científica para las PAS que necesitan mucho espacio, según el Dr. Aron, es que el cerebro de esta población procesa el conocimiento más profundamente al relacionarlo y compararlo con información similar recibida antes. Y esto será abrumador porque es como pensar en varias recetas para la misma comida repetidamente. Por lo tanto, es esencial tener suficiente tiempo de inactividad (preferiblemente solo) para recuperarse de la "sobreestimulación" y digerir sus experiencias. Con esta habilidad, no siempre prefiere estar en medio de la acción.

6. Absorber las emociones de otras personas

Piense en usted mismo como una esponja que no puede evitar absorber la humedad de otras personas (en este caso, sus deseos), dejándolo empapado e incapaz de hacer sus cosas como quiere. Este es exactamente el caso de una PAS.

Puede sentir fácilmente el estado de ánimo de quienes lo rodean sin que ellos tengan que decírselo, y esto a menudo lo obliga a entrar en ese estado de ánimo, es decir, cuando los que lo rodean están felices, usted también, y cuando su estado de ánimo cambia, también el suyo.

7. Baja tolerancia al dolor

Comprender por qué las PAS son muy sensibles al dolor es simple: dado que están abrumadas por diferentes emociones, el dolor físico es lo último que querrían experimentar, y una vez que lo hacen, es casi imposible manejar la situación.

Ya sea el pinchazo de una aguja o un golpecito demasiado doloroso en la espalda, lo nota mucho más que otro, lo que podría hacerle ganar el calificativo de "demasiado débil" o "dramático", pero es algo normal en las PAS. Además, sientes las cosas más profundamente que los demás, por lo que el dolor se magnifica.

8. Se asusta con facilidad

Son naturalmente muy nerviosos y se necesita poco para asustarlos. A esto se le llama tener un alto "reflejo de sobresalto" porque, incluso en situaciones tranquilas, sus nervios están a flor de piel. Solo se necesita un toque para provocarlos. Además, los sonidos fuertes o repentinos seguramente los harán tropezar.

Si tiene este rasgo, podría ser una de las razones de su completo odio hacia cualquier forma de violencia o crueldad. La mente de una PAS no quiere desentrañar eventos de miedo en películas o cualquier otro medio, lo que se puede evitar fácilmente.

9. Reacción a los estimulantes

Las PAS son naturalmente muy sensibles al consumo de cafeína, alcohol, drogas u otros estimulantes. Esto se debe a que su sistema nervioso ya está estimulado, por lo que una pequeña ingesta de estimulantes podría provocar más entusiasmo de lo previsto.

Una PAS confesó una vez que era adicta a la cafeína, pero la única diferencia entre ella y otros adictos a la cafeína era que cada vez que tomaba una taza de café, estaba extremadamente energizada (como si estuviera drogada). Cuando los efectos desaparecían, se sentía tan cansada como alguien que no había dormido, incluso después de ocho horas seguidas de sueño, por lo que tenía que seguir repitiendo el ciclo. No solo estaba cansada, sino que también estaba emocionalmente agotada y deprimida cuando tuvo que superar su adicción.

La cafeína destinada a mantenerlo despierto y mentalmente alerta inducirá niveles de respuesta de estrés inaceptables y, dado que sus niveles ya son naturalmente altos, solo aumenta su ansiedad y agitación. ¿Cuánta estimulación más puede soportar?

10. Pensador profundo

La mayoría de las veces, las PAS van más allá de la superficie para evaluar situaciones y personas. Esto proviene de su hábito de reflexionar sobre las experiencias de vida de una manera que otros pueden pasar por alto. Aun así, debido a que estos elementos activan automáticamente la estimulación, se darán cuenta de que analizan y procesan la información en profundidad.

Como PAS, también piensa en las cosas repetidamente. Podría ser un partido de fútbol que vio con sus amigos, repasando los detalles del juego repetidamente: los goles, las oportunidades, las asistencias, los penaltis e incluso las tarjetas que dio el árbitro.

La desventaja de esto es que podría conducir a un pensamiento negativo excesivo, lo que podría impedirle una correcta toma de decisiones.

11. Pensador creativo/visionario

Además de procesar la información en profundidad, son muy imaginativos. Para los niños, lo más probable es que tengan amigos imaginarios o un mundo imaginario dentro de sus cabezas a donde van para escapar de las realidades de la vida o, en general, donde se sienten más vivos.

Para los adultos, podría traducirse en soñar despiertos o idear más allá de las circunstancias físicas, como imaginar la configuración de su propia empresa mientras todavía trabaja como asistente en una organización. Esto podría ayudar con el procesamiento y la planificación de la información, especialmente si el pensamiento excesivo no entra y se roba el espectáculo.

12. Meticuloso

Esto también podría deberse a ser un pensador profundo y cuidadoso. Alguien con esta habilidad es más meticuloso que cualquier otra persona. Es muy probable que muestre un cuidado extremo incluso por los detalles más pequeños.

Les importa demasiado el impacto de sus decisiones y las decisiones de otras personas. A veces les importa cómo los demás pueden percibir sus acciones porque están obligados a pensar las cosas de principio a fin. Es un ciclo interminable de "qué pasaría", "por qué", "cuándo" y "cómo".

13. Problemas para lidiar con el cambio

Al ser una PAS, naturalmente uno preferiría estar rodeado de las mismas personas y entornos porque, al menos, sabes qué esperar de lo familiar. Por lo tanto, un cambio en estas variables probablemente desencadenará sentimientos reactivos muy negativos. También están tan acostumbrados a sus horarios y rutinas que un ajuste a esto podría distorsionar todos sus procesos de pensamiento y otros aspectos, por ejemplo, su actitud y preocupaciones.

14. Malentendidos

Una típica PAS suele malinterpretarse porque otros individuos parecen no comprender por qué sus reacciones son "más dramáticas"; que las de las personas "normales". La alta sensibilidad a veces recibe otros nombres, como ser tímido, ansioso o antisocial, pero este no es el caso. Sienten a menudo que sus nervios están al límite. Es confuso tratar de explicar a los demás cuando solo intenta entender por qué su mente funciona de esa manera.

La Dra. Elaine Aron, psicóloga y colaboradora clave de la investigación de PAS, dijo que una de sus pacientes fue etiquetada como persona con problema mental por sus seres queridos, y llegó al punto de creerlo y cuestionar su cordura.

Si siente que muchos de estos rasgos describen su personalidad, entonces probablemente sea una persona altamente sensible, pero incluso si solo puede identificarse con unos pocos, también podría ser una. Al igual que cualquier otro rasgo inherente a los humanos (un ejemplo es ser rubio o zurdo), varían en sus niveles de expresión y exhibición, pero tienen hábitos que giran en torno a los mencionados aquí.

A estas alturas, marcar las casillas correctas debería haberle dado una conclusión sobre si es una PAS y está listo para pasar a la siguiente fase de este proceso.

Capítulo 2: Los pros y los contras de ser una PAS

Ahora que se ha identificado como una persona altamente sensible o ha descubierto que no lo es, debe saber que el rasgo no es algo negativo, pero, al igual que casi cualquier otra cosa en este mundo, hay dos caras de la misma moneda. Las personas, incluidas las PAS, tienden a centrarse más en los aspectos negativos de las cosas, pero poseer una alta sensibilidad no es algo malo.

No significa que uno sea débil o dramático; tampoco significa que uno tenga problemas mentales. Simplemente se manifiesta como la capacidad de sentir y procesar información más profundamente que otros, lo que podría significar muchas cosas, incluso algo positivo.

Centrarse solo en los aspectos positivos no solo sería poco práctico, sino también potencialmente perjudicial. Deben saber que sus rasgos tienen sus desventajas, pero que podrán manejarlas bien si cuentan con los datos necesarios.

Cualquiera que quiera entender cómo maximizar este rasgo debe primero conocer y comprender los aspectos positivos y negativos del mismo, y hacer que funcionen para su propio bien. De la misma manera, para saber cómo lidiar con ellos es necesario comprender lo bueno y lo no tan bueno de una manera más integral.

Los Pros

Estas son las fortalezas asociadas a ser una persona altamente sensible. Se ha descubierto que procesar información intensamente viene con sus beneficios, a pesar de estar demasiado ocupados tratando de descifrarse a sí mismos como para siquiera notarlos o aprovecharlos. La vida debe vivirse en su totalidad, por eso es necesario que conozcas estos beneficios por ti mismo.

1. Atención al detalle

La capacidad de las PAS para prestar mucha atención a los detalles minúsculos rápidamente les ayuda a detectar cosas que podrían salir mal e intentar cambiarlas. También les resulta fácil leer las emociones más leves de las personas durante las conversaciones o interacciones generales.

Este rasgo los convierte en excelentes empleados, amigos y colegas. Saben cuando hay algo mal con un amigo, incluso si no está dispuesto a abrirse al respecto, y tratan de hacer las cosas bien. También notan rápidamente cualquier vacío legal dentro de un contrato que podría crear un problema. Si bien es posible que las personas no vean lo útil de esta habilidad, es útil durante su vida y es un rasgo que estas personas poseen en abundancia. Ni siquiera tienen que intentarlo.

Una PAS no pasa por alto lo que todavía se puede mejorar. Algunos llaman a esto ser un "perfeccionista", no tiene que ver con querer impresionar, sino que es el resultado de una gran sensibilidad a incidentes sutiles.

2. Creatividad

El cuidado y la consideración que ponen en su trabajo no impide que su creatividad se revele. Más bien, le da un impulso. Debido a que tienen un mundo interior lleno de tanta vida, su creatividad brota sin esfuerzo.

Tienden a usar su imaginación y su consideración sirve para orientar sus ideas, lo que da lugar a algo hermoso y significativo. Por ejemplo, un escritor PAS pone más cuidado en el significado de cada palabra para ayudar al lector a comprender mejor y disfrutar el trabajo. Su imaginación activa puede ayudar a crear una hermosa historia que mantendrá al lector inmerso en lo que está leyendo y con ganas de más.

Además, los niños con alta sensibilidad pueden tomar experiencias que hayan tenido, combinarlas con sus ideales y crear mundos imaginarios en sus cabezas que pueden hacer que el tiempo de juego sea un asunto agradable.

3. Gratitud por las pequeñas cosas

Este rasgo es algo bueno que proviene de prestar mucha atención a los detalles. Puede encontrarlos felicitando a un organizador de eventos por la elección de cubiertos o manteles en una fiesta (cosas que otros ni siquiera notan). Además, conocen la naturaleza, y una simple salida o puesta del sol podría darles una gran satisfacción y no solo un recuerdo "digno de una foto".

Incluso los pequeños gestos de amor o bondad no pasan desapercibidos para ellos. Un dulce beso en la frente o un reconfortante apretón de manos podrían ser todo lo que necesitan para ver la luz al final del túnel. Escuchar una hermosa melodía podría traer un recuerdo preciado que hace que uno esté agradecido por la vida y todo lo que ofrece. En resumen, estas personas saborean cada momento de la vida.

4. Empatía

Aunque se ha demostrado que la empatía no es un rasgo de las PAS, es una característica muy notable de ellas que se refiere a su capacidad para sentir las emociones de los demás como si fueran propias. Dado que una típica PAS posee un procesador de información más intenso, señales como una sonrisa débil, pérdida repentina del apetito, silencio inusual o un gesto nervioso con la mano de otra persona podrían encender una alarma inmediatamente dentro de la mente de una PAS. Luego tratarán de asegurarse de que pueden ayudar a la persona con lo que sea que esté enfrentando.

Si somos honestos, ese es el amigo que todos quieren, alguien a quien no tiene que contar sus problemas antes de que intenten encontrar una solución, y alguien que pueda identificarse con los dolores que está sintiendo, incluso sin haberlos experimentado antes.

5. Autoconsciencia

Naturalmente, si usted es muy sensible, también resultará ser muy consciente de sí mismo. Ya sea que hayan nacido así o que lo hayan aprendido en algún punto del camino, desarrollan la capacidad crítica de examinarse a sí mismos. Esto se debe a que tienden a pensar profundamente en las cosas. Quieren saber por qué sienten las cosas de la manera en que las sienten y por qué los demás no consiguen identificarse.

Aquellos que nacen con la habilidad innata de sentir las emociones más profundamente se encuentran más sintonizados con sus propias emociones. Pueden mirarse a sí mismos sin prejuicios y comprender por qué otros podrían no sentirse identificados con lo que están pasando.

Fácilmente reconocen que sienten las cosas de manera diferente a los demás, y esto los hace más conscientes de su singularidad. Esta situación también les ayuda a saber cómo abrirse a los demás sobre su lado sensible para ayudar a otros a comprenderlos mejor.

6. Capacidad para vincularse

Aunque no se sientan cerca de tantas personas, saben cómo formar vínculos con aquellos que encuentran dignos. Puede que les tome un tiempo abrirse a los demás, pero una vez que lo hacen, saben cómo nutrir sus relaciones, especialmente debido a su naturaleza empática.

Además, debido a que son autoconscientes, valoran a las personas que les permiten expresarse cuando están juntos. Funciona de esa manera. Si usted conoce a alguien esté dispuesto a comprenderlo y relacionarse con usted sin hacerlo sentir extraño, lo valorará e intentará devolverle esa energía. Otro motivo por el cual estas personas son una excelente opción cuando se buscan amigos verdaderos.

Los Contras

No podemos engañarnos a nosotros mismos y decir que hay solo una perspectiva del asunto. Para lograr un equilibrio, debemos conocer las desventajas de este rasgo, ya sea como PAS o como alguien que quiera saber más sobre ellas. Estos son rasgos inherentes que no podemos cambiar, pero debemos aprender a aprovecharlos al máximo. Sí, es posible aprovechar al máximo las cosas negativas, pero primero aprenderemos cuáles son.

1. Llanto excesivo

A pesar de que no quieren ser vistos como "bebés llorones" (¿quién quiere eso?), se comportan así porque siempre están abrumados por sus emociones.

Ya sea una escena de ojos estrellados en una película o un mal día en el trabajo, las situaciones emocionales son más abrumadoras para ellos.

2. Cambios de humor

Este es un área en el que se los malinterpreta bastante. Con muy poca cosa pueden pasar de una actitud positiva a un estado profundamente abatido. El estado de ánimo del entorno y las personas que lo rodean desencadenan fácilmente emociones similares en ellos, y esto no siempre es agradable.

Imagínese a un amigo suyo, riendo durante toda la película y de repente recibe una llamada, corta y lo deja sumido en el silencio. Luego, se levanta y le dice que tiene que irse sin explicación, habiendo *prometido* quedarse dormir en su casa. Su reacción inicial podría ser de sorpresa, por el cambio de ánimo repentino en su amigo.

Digamos que decide llamarlo porque quieres saber qué sucedió, y él le dice que su supervisor de proyecto llamó para informarle que el plazo para su presentación se adelantó, por lo que tuvo que irse para seguir trabajando en él. Le asegura que todo estará bien y le dice adiós.

Lo que quizás usted no sepa es que la llamada lo desorientó y aplastó su espíritu alegre, por lo que tuvo que retirarse en su caparazón y pensar en su próxima jugada (que era cuando no estaba hablando con usted) y luego optar por irse a trabajar en un entorno en el que no se distraiga. Él no sabía cómo manejar mejor la situación, porque sus emociones estaban por todos lados. La diferencia es que usted no ve eso como un problema, porque ya ha tenido muchos cambios de fecha límite antes y nunca se asustó de esa manera.

Para muchas personas, puede parecer que estas personas son inestables o simplemente no pueden tomar las cosas de modo más leve. Bueno, es difícil hacer eso cuando tu antena emocional está por todas partes. Y este es solo un ejemplo.

3. Toma de decisiones

Decidir siempre parece la tarea más abrumadora para la típica PAS. Esto se debe a la tendencia a pensar demasiado las cosas. Desde elegir un bocado para el almuerzo hasta decidir una carrera profesional de por vida, cada decisión los agota mentalmente. Esta experiencia podría ayudarlo a comprender la dinámica de cada opción, pero también podría ser completamente innecesaria para algo tan insignificante. Aunque recuerde, ¡toman nota de TODO!

Cuando lo que otros consideran una decisión trivial lo aterroriza, no solo se lo ve como una persona diferente, sino que también está desperdiciando la emoción de correr un riesgo. La vida no siempre se trata de movimientos calculados y perfección, sino de explorar las diferentes facetas del viaje sin tener miedo de cometer errores. Después de todo, son parte del paquete.

Algunos incluso han llamado a esto una fase de "parálisis de decisiones". Algunas de las razones por las que piensan demasiado son:

-Son procesadores profundos. Una de las cuatro características de las PAS que destaca el Dr. Aron es que procesan la información con mucha profundidad. Por lo tanto, cada información asociada con el proceso de decisión tiende a evaluarse repetidamente, lo que retrasa el avance del proceso. No toman las cosas ni las decisiones al pie de la letra. Deben profundizar y desentrañar todo antes de poder decidir algo.

- Quieren sacarle el máximo partido a todo. Cuando descubren información, quieren obtener más información sobre ella para decidir si es útil o no. Teniendo en cuenta que cada dato se procesa debidamente antes de continuar, no es de extrañar que la toma de decisiones sea un lastre para ellos.

Quieren siempre lo mejor (basado en su atención a los detalles), y la única forma de saber cuál es esta opción es sabiendo todo sobre todo.

- Consideran a los demás. Su empatía inherente los obliga a considerar cómo sus decisiones afectan a otras personas. Preguntas como "¿Mi elección de salir a la playa afectará los horarios de alguien?" o "¿Puedo levantarme a leer por la noche sin molestar a mi mujer?" desconciertan constantemente a las PAS y a veces les impiden hacer lo que en otras circunstancias habrían hecho sin pensar.

- Tienden a buscar la perfección. La atención al detalle les hace querer hacer todo a la perfección, pero sabemos que nada es perfecto. Aquellos individuos que se embarcan en esta misión imposible tardan mucho en llegar a su puesto y, a veces, ni siquiera llegan.

- Puede que no tengan confianza en sí mismos. Aquellos que están acostumbrados a ser malinterpretados e incomprendidos no pueden ni siquiera creer en su capacidad para tomar buenas decisiones, lo que los lleva a pensar demasiado e incluso a darse por vencido.

4. Son complacientes

Automáticamente tienen una educación diferente a la de otros. Si bien muchos jóvenes pueden recordar cómo les encantaba ir al parque cuando eran más pequeños, muchos no logran identificarse con eso. Esto hace que sea difícil mantenerse al día con las conversaciones sobre experiencias compartidas. Muchos recurren al placer de la gente para formar amistades y otras relaciones.

Como una PAS, a veces parece que no puede manejar las críticas, así que trata de que todos se lleven bien con usted. Lo hace con la esperanza de que aprueben su personalidad y sus acciones, y esto podría afectarlo.

Esto difiere de ser una persona amigable por naturaleza y con ganas de formar vínculos. La persona amigable también sabe que la amistad es una relación de dar y recibir. De hecho, cualquier tipo de relación funciona de esa manera.

Como PAS, también podría estar interesado en complacer a las personas porque desea que todos los que lo rodean sean felices. Cuando usted coloca los pensamientos y sentimientos de otras personas por encima de los suyos de manera constante, comienza a cargar un gran peso sobre usted, especialmente cuando no aprecien sus esfuerzos. Esto podría ser devastador para la psiquis.

En resumen, la necesidad de complacer a los demás surge cuando intentan encajar en un grupo en el que no son como los demás miembros de ese grupo, y para ellos, sucede a menudo.

5. Generalmente se los malinterpreta

La mayoría de los puntos mencionados anteriormente se suman para explicar por qué se pueden malinterpretar a estas personas. Este es el punto menos favorable para la típica alma sensible porque ya es bastante difícil tener que lidiar con todas las demás dificultades que conlleva ser muy sensible. Simplemente saber que la gente no entiende cómo usted se siente o cómo usted razone es suficiente para desestabilizarlo.

Para cada característica de las PAS, existe una noción errónea que la "explica".

• Su atención al detalle es considerada una actitud mezquina y autoritaria.

• Si bien las personas pueden apreciar su proceso de pensamiento creativo, otros pueden verlo como ilusiones o pensamientos poco realistas.

• Estar agradecido por las pequeñas cosas o apreciar el más mínimo detalle de la naturaleza podría parecer innecesario.

• Los cambios de humor pueden hacerlo lucir inestable o melancólico, lo que no siempre es el caso.

• Aquellos que complacen a las personas podrían verse desesperados por el amor o la codependencia.

• Aquellos que son fácilmente propensos al miedo pueden ser considerados débiles.

Capítulo 3: PAS vs empatía

Probablemente concuerde en que, al explicar una palabra nueva a otra persona, ellos mencionarán términos similares y preguntarán: "¿Algo así como un...?". Ese es el poder de aplicar conceptos similares.

Tanto las PAS como las personas empáticas se abren camino fácilmente en la cabeza de los demás (ya que se basan en conocimientos previos) y, a veces, pueden confundirse unos con otros. Debe asegurarse de que *pertenece* a esta categoría antes de vivir según el manual de PAS, para no ser demasiado duro consigo mismo cuando note que no se identifica con muchas de sus normas.

Recuerde lo que dijimos en el primer capítulo: los empáticos y las PAS son diferentes, aunque pueden poseer atributos similares. Para comprender mejor esto, necesita saber más sobre las diferencias entre estos dos tipos de personas, de modo que no confunda uno con otro.

Aunque alguien podría ser tanto un empático como una PAS, usted no debe simplemente asumir que es uno o el otro. Es mejor prestar atención a los hechos, para saber los pasos correctos a seguir para superar los desafíos asociados a la etiqueta a la que pertenece.

¿Quién es un empático?

Antes de decidir de qué lado se encuentra, dese una oportunidad de comprender ambos conceptos. Ahora que sabe bastante sobre ellos, profundicemos en los atributos de un empático.

Un empático es alguien con la capacidad innata de sentir las emociones que lo rodean, desde las personas hasta los animales y las plantas. Pueden hacer esto absorbiendo energía de otros y tomando esa energía como propia (al igual que una esponja).

También se considera que esta persona tiene ciertas habilidades paranormales, como la capacidad psíquica de sentir las emociones y energías de los demás. Están muy familiarizados con los estados de ánimo de los demás, buenos o malos, y de alguna manera los entienden completamente y pueden identificarse con ellos sin siquiera haberlos experimentado ellos mismos.

A diferencia de la persona altamente sensible, la naturaleza de un empático no es genética; tampoco está influenciada por el estatus social, sino que se forma a partir de interacciones y relaciones con otros a lo largo de su vida. Las personas adquieren esta habilidad desde la niñez y se puede desarrollar a medida que pasa el tiempo.

Un empático tiene un sentido de conocimiento imperdible y, a veces, incuestionable porque capta vibraciones en lugar de emociones, que podrían malinterpretarse fácilmente. Saben que todos los humanos están compuestos de energía, y la energía que emiten contribuye en gran medida a determinar la persona que son.

Características de un empático

Además de lo que ha recopilado hasta ahora sobre los empáticos, también necesita conocer los hábitos y habilidades que tienen y muestran de forma natural. Saber más sobre los comportamientos de alguien lo ayudará a aclarar cualquier duda que tenga sobre ellos.

Por lo tanto, para continuar este viaje, deberá analizar y comprender las características de un empático.

1. Curiosidad por los desconocidos

Los empáticos son personas muy curiosas, a pesar de que su sondeo puede no implicar hacer preguntas directas, sino más bien intentar captar señales de energía de quienes los rodean. Parecen tener una curiosidad insaciable por los que los rodean porque han mantenido el interés infantil que muchas personas dicen haber "superado", aunque se deba principalmente a la influencia de la sociedad. La sociedad nos ha obligado a ocuparnos de nuestros asuntos.

Si alguien le dice que ha tenido un mal día, ¿cuál es su respuesta? Para los empáticos, lo más probable es que resistan la tentación de imponer sus opiniones sobre por qué creen que el día fue malo para usted, aunque su conjetura podría estar más cerca de la verdad que la de cualquier otra persona. Harán preguntas y estarán abiertos a escuchar y aprender de las respuestas dadas. Además, dado que los empáticos captan ondas de energía, sabrán las preguntas correctas que deben hacer, no para irritarlo, sino para comprender mejor su situación y ayudarlo a encontrar soluciones a lo que está pasando.

2. Superan las diferencias y descubren los puntos en común

A veces, los individuos usan la diversidad para crear etiquetas poco saludables como "nerds"; o "radicales" (lo que agranda las grietas de la discordia dentro de la sociedad), y esto podría afectar la naturaleza social del hombre, provocando que los grupos minoritarios se aíslen y concuerden con la sumisión.

Los empáticos tienden a cuestionar sus propias inclinaciones y prejuicios buscando lo que comparten con las personas en lugar de lo que las divide. Ya sea por raza, desarrollo intelectual o posición social, los empáticos encuentran la manera de cerrar la brecha de la diversidad, porque todavía somos un *colectivo*, la raza humana.

A pesar del tipo de empático que usted sea, tiende a sentir los dolores y las luchas de los demás, se coloca en el lugar del otro y se da cuenta de los terribles efectos del prejuicio en sus vidas e interacciones. *(Si más personas fueran empáticas, no tendríamos tantas guerras y conflictos que enfrentamos hoy en el mundo).*

Un gran ejemplo se encuentra durante los conflictos entre musulmanes e hindúes en la India, que llevó a su independencia en 1947. Gandhi (abogado indio, nacionalista anticolonial y especialista en ética política) creía que empatizar con los "adversarios" era el primer paso hacia la tolerancia social. Entonces, dijo: "¡Soy musulmán!" "Y un hindú, un cristiano y un judío".

3. Son muy sensibles

Este aspecto es el más confuso en términos de diferencias. Se sabe que los empáticos son muy sensibles a su entorno. Detectan rápidamente los más mínimos cambios tanto en las personas como en los lugares. Esto les ha valido la etiqueta de "demasiado sensibles", al igual que las PAS. Son naturalmente abiertos y grandes oyentes, pero fácilmente se ponen de mal humor porque absorben la energía que los rodea y la convierten en la suya propia. Por lo tanto, su estado de ánimo y sus emociones dependen mucho de los demás, lo que podría ser muy complicado y agotador. Las demás personas pueden no entender que en realidad necesitan "endurecerse" porque "el mundo es un lugar difícil" para ellos.

4. Son altamente intuitivos

Además de estar familiarizados con las emociones de los demás, los empáticos también están en contacto con sus propios sentimientos e instintos. Pueden confiar en gran medida en sus instintos para tomar decisiones y utilizar esta capacidad en sus interacciones con los demás.

Pueden saber cuándo algo no está bien en un determinado lugar o persona. Lo perciben en forma de señales de energía captadas por sus sentidos, no por pensamientos. Esto resulta muy útil a la hora de decidir dónde alojarse al visitar una nueva ciudad, qué riesgos comerciales tomar y dónde invertir. Su intuición les ayuda a evitar personas tóxicas y manipuladoras. También ayudan a otros (que pueden no sentir las cosas como ellos) al asesorar en todas las áreas.

Este rasgo es ideal para profesiones que necesitan un análisis objetivo o ver más allá de la superficie, como el periodismo o el trabajo de detective, y es común ver a empáticos trabajando en estos puestos.

5. Son distraídos

Cuando usted está demasiado ocupado sintiendo la energía a su alrededor, es posible que los demás lo vean como una persona perdida o confundida. Por lo tanto, los empáticos a menudo son considerados personas con poca concentración. Por ejemplo, un empático podría estar en una conversación con usted, cambiar repentinamente su atención a otra cosa porque siente una nueva vibra y luego intentar hallar la fuente porque no proviene de usted.

Casi siempre, las personas empáticas se sienten tan abrumadas por las emociones que están canalizando que pierden el enfoque. Están influenciados por las emociones confusas que oscilan a su alrededor, lo que a menudo los lleva a estar completamente ocupados con estos pensamientos y emociones.

6. Son ordenados y limpios

Una cosa que un empático no puede soportar es el desastre. Ya tienen mucho que afrontar, así que ¿por qué aumentar su cansancio emocional? No quieren recibir malas vibraciones de la basura en el suelo, la mesa de trabajo desordenada o la cama sin hacer. Prefieren estar en un espacio donde las cosas se mantengan ordenadas y limpias, para lograr concentrarse y canalizar su energía en cosas más productivas. Suelen ser minimalistas y valoran los espacios simples, pero ordenados.

Tipos de empáticos

Aunque la gente no parece estar de acuerdo sobre cuántos tipos de empáticos hay, generalmente hay seis tipos. Conocer esto y comprender cada uno de ellos ayudará a desmitificar este concepto.

1. Empatía emocional

Esta es una de las personas más comunes que captan fácilmente la energía emocional de los demás. El empático emocional experimenta profundamente los sentimientos de los demás en su propio cuerpo emocional e incluso puede ponerse en el lugar de los demás (tanto emocional como físicamente). Por lo general, se agotan al absorber tantas emociones juntas. A diferencia de las PAS, pueden hacer esto sin siquiera intentar leer esas emociones.

2. Empatía física/médica

Esta persona está más en sintonía con la energía corporal que irradia de las personas. Estos empáticos usan su habilidad para descubrir qué le pasa a alguien, simplemente sintiéndolo. Podrían convertirse en "sanadores" usando sus habilidades para ayudar a curar los cuerpos de otras personas. Un empático físico puede intuir y sentir el dolor físico de los demás, y esto es raro.

Piense en esto: un niño desarrolla un dolor de cabeza y se queja con su mamá, quien pronto tiene uno, incluso mientras trata de ayudar al niño a mejorar. Lo bueno es que el empático físico, la mayoría de las veces, conoce una solución a los dolores o enfermedades de los demás.

3. Empatía geomántica

Esta persona también es etiquetada como un "empático ambiental". Aquellos con este tipo de empatía se familiarizan fácilmente con ciertos ambientes o lugares, incluso si no tienen conexión con ellos o nunca antes habían estado allí. Lo más probable es que tenga una empatía geomántica si nota que está feliz o cómodo en ciertos lugares sin una razón clara.

Además de esto, los empáticos geománticos pueden recoger la energía de los lugares, y eso podría deberse a su historia. Por ejemplo, la ladera de una montaña podría irradiar el sentimiento de lucha a un empático geomántico, basado en las dificultades que otros han enfrentado al tratar de llegar a su punto máximo. Estos empáticos se sienten muy atraídos por el mundo natural y sienten que se comunica con su subconsciente.

4. Empatía con plantas

Este es un rasgo bastante interesante. Un empático con plantas puede sentir instintivamente lo que necesitan las plantas. Si eres un empático de las plantas, puedes decir por qué una planta no está floreciendo o cuál es el mejor lugar para plantar semillas, sin estudiar agricultura ni tener experiencia con ese tipo de plantas.

Estos individuos se sienten atraídos por lo verde e incluso pueden asumir una ocupación que implique cultivar o cuidar plantas. También obtienen cierta satisfacción al sentarse al lado/debajo de un árbol o en un jardín y recibir orientación de la naturaleza, escuchando claramente las plantas en sus mentes.

5. Empatía animal

Al igual que el empático vegetal, los empáticos animales se conectan fuertemente con los animales. Pueden ser las personas que conocemos como encantadores de perros, gatos o caballos. Aquellos con esta habilidad entienden lo que necesitan los animales y también pueden sentir sus emociones y estados de ánimo. Se sienten atraídos por estos animales y pueden comunicarse con ellos de una manera que entienden telepáticamente.

Es por eso que descubrimos que un extraño puede calmar a nuestro cachorro cuando está teniendo un ataque de pánico, o hacer que salga de su caparazón después de tanto tiempo. Lo más probable es que, si usted es un empático con los animales, ya está pasando mucho tiempo con los animales y se siente atraído por ellos, incluso si no son suyos. Esto podría convertirse en una carrera profesional, ya que amaría pasar la mayor parte de su tiempo haciendo algo que ama.

6. Clariconocimiento/Empatía intuitiva

Esto es muy parecido al empático emocional, pero la diferencia es que el empático clarividente puede recoger información simplemente por estar cerca de otros. A diferencia de sentir las energías emocionales, solo se necesita una mirada a otra persona para que un empático intuitivo obtenga mucha información sobre él o ella.

Esta habilidad es útil cuando se trata de comprender a alguien que acaba de conocer. Las personas a menudo colocan fachadas para crear una primera impresión agradable, aunque los empáticos clarividentes pueden ver fácilmente más allá de ella. También los convierte en grandes consejeros y asesores.

Otros tipos de empáticos que han recibido atención a lo largo de los años incluyen:

- Empáticos telepáticos: leer los pensamientos de las personas correctamente.

- Empáticos médiums: se conectan con las almas de las personas fallecidas.

- Empáticos psicométricos: obtener información sobre personas y cosas tocando objetos físicos.

- Empáticos precognitivos: sentir o experimentar un evento antes de que ocurra.

Diferencias entre empáticos y PAS

Hay muchas correlaciones entre empáticos y PAS, y es normal que los individuos los confundan. Para saber cuál es su caso, debe resaltar las diferencias, pero recuerde que puede ser tanto un empático como una PAS.

1. Sus habilidades

Mientras que las PAS tienen un sistema nervioso central estimulado, lo que los hace diferentes de los demás, los empáticos tienen habilidades paranormales como:

- Habilidades psíquicas: la capacidad de sentir lo que está oculto a los demás en forma de ondas de energía.

- Clariaudiencia: la capacidad de escuchar lo que es inaudible para el oído humano común.

- Clarisentencia: la capacidad de ver los sentimientos físicos o emocionales pasados, presentes o futuros de los demás sin utilizar ninguno de los cinco sentidos.

Esto significa que se considera que los empáticos tienen una forma de sexto sentido, mientras que los sentidos de una PAS son más agudos.

Digamos que dos amigos estaban involucrados en una acalorada discusión y una PAS entra en la habitación. A pesar de que tratan de fingir que no ha pasado nada, la PAS detectará señales (como el lenguaje corporal) para sentir que algo anda mal. Si uno o ambos amigos abandonan el área y entra un empático, sentiría la energía de la discusión que tuvo lugar allí sin ver a ninguno de ellos. Ahora puede preguntarse qué habilidad tiene.

2. Alta sensibilidad

Básicamente, todos los empáticos son muy sensibles, pero no todas las personas muy sensibles son empáticas. Muchos son comprensivos, y esto difiere de ser un empático. Las personas comprensivas necesitan interactuar con los demás antes de mostrar empatía hacia ellos, a diferencia de los empáticos que pueden estar en sintonía con otros de los que no saben nada, simplemente reconociendo su energía. Como resultado, se encuentran absorbiendo esos sentimientos y emociones.

3. Aprovechar sus dones

Dado que los empáticos captan la energía y las PAS notan los estímulos sensoriales, la forma en que aprovechan sus dones difiere. Los empáticos a menudo canalizan sus dones hacia algo más profundo para ayudar a las personas porque ese es su impulso. Entonces, descubrimos que la mayoría de los médiums, psíquicos y espiritualistas son empáticos. Mientras tanto, las PAS aprenden a ser conscientes de su sensibilidad para mejorar sus interacciones con los demás (en relación a sus vínculos o su carrera).

Capítulo 4: Preocupaciones por la salud de las PAS

El viaje de descubrimiento de la Persona Altamente Sensible no estaría completo sin considerar los problemas que estos enfrentan. El hecho de que tengan habilidades únicas no significa que todo les salga bien. Ser una PAS tiende a desgastar muchísimo a la persona y potencialmente podría derivar en graves problemas de salud. Esté atento.

Para empezar, algunos que aún no identifican su situación (y les preocupa ser anormales) pueden llegar a experimentar todo tipo de actividades y sustancias en un intento de suprimir sus habilidades innatas. Están cansados de sentirse agotados todo el tiempo. Quieren explorar el mundo como los demás sin sentirse demasiado asustados o pensar demasiado las cosas. Quizás quieran ser espontáneos y manejar mejor las situaciones. Esto podría hacer que recurran a la cafeína, el alcohol o las drogas duras en busca de ayuda.

A su vez, estas adicciones tienen un efecto más dañino en sus mentes y cuerpos. Pero no saben de eso, razón por la cual las personas deben tener claro quiénes son y por qué se conectaron de cierta manera. Esta información tiene como objetivo cerrar esa brecha, pero primero, debe estar al tanto de los problemas de salud de una típica PAS.

Problemas de salud

1. Irritabilidad e intolerancia

Comencemos con lo que algunos podrían ver como sutilezas, porque a veces se necesita un pequeño cambio para que sucedan grandes cosas. Se ha descubierto que pueden sufrir la sensibilidad de los estimulantes ambientales como la comida, el entorno e incluso las sustancias químicas. Es posible que no se presenten en forma de alergias graves, sino que pueden influir en su calidad de vida. Los irritantes comunes pueden ser alimentos a base de lactosa o incluso reacciones causadas por el gluten.

El síndrome de colon irritable no es ajeno a ellos porque el sistema nervioso central no solo está aumentado, el sistema nervioso entérico (relacionado con el tracto gastrointestinal) también capta las señales sensoriales. Esto significa que, como PAS, también sientes dolores reactivos y emociones en tu intestino. La carga adicional de sentimientos a los que está reaccionando y tratando de procesar puede ser la razón de su dolor de estómago o malestar digestivo.

Observe la relación entre lo que come y los niveles de malestar, el cansancio después de comer o la aparición de dolores de cabeza. Estos síntomas no se aplican a todos aquellos que son PAS y, a menos que sean conscientes de cómo maximizar su alta sensibilidad, no sabrán cómo manejar sus intolerancias.

2. Depresión

Ya es bastante difícil para usted descubrir por qué es tan diferente. La montaña rusa del día a día puede parecer demasiado estresante. Por lo tanto, es muy común que caiga en estados de depresión, tanto a corto como a largo plazo.

Además, se sabe que estas personas absorben las emociones de los demás a través de sus interacciones. Significa que la mayoría de las veces, sus estados de ánimo dependen de los demás, y eso no siempre es bueno. En un mundo donde hay tantas malas noticias y donde las personas expresan emociones negativas, les resulta difícil hacer frente a las emociones de los demás.

Aron dice que cuando está deprimido, es más probable que una PAS tenga pensamientos suicidas debido a la profundidad con la que le llegan las cosas. Es posible que quieran encontrar una manera de alejarse de la tristeza constante por la que pasan. Sin embargo, esta no es una solución, y darse cuenta de que su rasgo es un regalo podría ser todo lo que necesita para dejar de sentirse desesperado o defectuoso.

3. Deficiencia de zinc

Una de las deficiencias de minerales más comunes, con aproximadamente dos mil millones de personas afectadas, es la deficiencia de zinc. El zinc es un nutriente esencial que apoya la capacidad del cuerpo para sanar y reparar, y maneja más de 300 funciones enzimáticas en el cuerpo.

Puede buscar signos que le indiquen si padece esta deficiencia, incluida la pérdida del cabello, la salud de las uñas y, lo que es aún más importante, un sistema inmunológico deteriorado e incluso infertilidad. En casos graves, esto también puede provocar una enfermedad cardíaca.

Estudios han revelado que a medida que envejecemos, es más probable que tengamos deficiencia de zinc. Una de las principales razones por las que las PAS podrían tener deficiencia de zinc es que son propensas a niveles más altos de estrés, lo que agota los recursos minerales del cuerpo, incluido el zinc. El estrés crónico ocurre cuando no se sienten en control de su entorno durante un período prolongado.

Aparte de los problemas leves mencionados anteriormente, la deficiencia de zinc podría manifestarse en forma de baja inmunidad, y esto significa dificultad para recuperarse de infecciones y susceptibilidad a resfriados y virus.

Debido a que son humanos primero, algunos podrían tener problemas de salud subyacentes. Aquellos que ya luchan contra la fatiga crónica, los problemas suprarrenales, la diabetes y el desequilibrio hormonal deben prestar más atención a sus niveles de zinc.

4. Adicciones

Aunque no hay pruebas de que sean más propensos a recurrir a adicciones, muchos han admitido que recurren al exceso de comida, alcohol, drogas y otras prácticas poco saludables cuando se sienten constantemente abrumados. Esta podría ser su forma de intentar "atenuar" su sensibilidad o desviar momentáneamente su atención de sus problemas, pero la gratificación que ofrecen estas adicciones es muy breve, y la necesidad de seguir utilizándola como compensación se convertirá en un problema.

Esto afecta su cuerpo y mente e incluso puede abrirlos a nuevos niveles de sensibilidad provocados por su adicción. Cultivar un estilo de vida favorable que respalde su salud, especialmente como PAS, resultará más útil que sucumbir a los antojos poco saludables. Profundizaremos un poco más en eso luego.

5. Pérdida de cabello

¿Sabía que el estrés puede provocar la caída del cabello? ¿Sabía también que son grandes maestros en estresarse incluso por las cosas más pequeñas? ¿Ve la correlación? Bien, basta de preguntas. Continuemos.

La confesión de una PAS:

"Durante mi primer trabajo corporativo, arriesgué mi salud de una manera muy peligrosa. Estaba tan obsesionada con mi progreso y querer ser la mejor empleada que acabé completamente agotada. Comencé a perder cabello, a perder el sueño por la noche y a desarrollar problemas digestivos graves". - Alissa Jablonske.

No debe entrar en pánico cuando empiece a perder cabello. Su búsqueda de la perfección (y el estrés que la acompaña) podría ser la causa de todo. La caída del cabello también puede deberse a emociones no resueltas. Es común que estas personas se arranquen el pelo cuando están ansiosos o asustados por algo. Esto ha sido etiquetado como tricotilomanía y no es exclusivo de este tipo de personalidad. Si hace esto, trate de hacer un esfuerzo consciente para evitarlo. Hablar con alguien cercano o con un terapeuta sobre tu ansiedad podría ayudar a detener el hábito por completo. No necesitan estar escuchando todo el tiempo. Hablar de lo que te estresa podría ser una excelente manera de superarlo.

6. Dolores de cabeza

Estas personas podrían sufrir dolores de cabeza por la mera forma en que analizan cada información que reciben. Pensar en tantas cosas en tan poco tiempo pasa factura. Podría estar pensando: "¿No es para eso que sirve el cerebro?". Sí, pero incluso nuestros teléfonos pueden presentar "irregularidades" cuando alcanzan el límite elástico de su memoria.

Es más difícil para ellos filtrar la información que les agota emocionalmente, lo que genera un gran peso sobre ellos. El resultado de esto puede ser dolores de cabeza constantes e incluso migrañas.

Además del estrés y el pensamiento excesivo, aquellos que son sensibles a las luces brillantes, los sonidos agudos o los olores divertidos encontrarán que estos factores desencadenantes también conducen a dolores de cabeza constantes. La solución a esto es simple. Manténgase alejado de aquellos factores desencadenantes tanto como sea posible para darle a su cerebro el espacio que tanto necesita.

7. Fatiga

¿Qué sucede cuando absorben toda la información emocional de quienes los rodean? Están drenados y eso puede verse. Son excelentes oyentes, pero no son los mejores para dejar pasar información hiriente.

Si alguien pierde a un miembro cercano de su familia y llama a su amigo PAS para informarle, pueden sentir el dolor genuino en la respuesta, porque realmente lo están sintiendo. Ya sea intencionalmente o no, se les ha implantado el mismo tipo de dolor que tiene la persona que ha llamado. Y mucho después de la llamada, siguen doliendo las noticias. Este es uno de los rasgos de un buen amigo, pero puede resultar muy agotador cuando sucede repetidamente, ya que las malas noticias nunca dejan de aparecer.

Para alguien que siente las cosas intensamente, tanto interna como externamente, esto induce la fatiga por compasión, que se ha descrito como el equivalente a una resaca emocional. Cuando todo te afecta, afecta tu capacidad para procesar y lidiar con tus emociones y las emociones de otras personas. Simplemente parece demasiado abrumador. No todos los que son sensibles pasarán por esto, pero seguramente se sentirán abrumados y agotados físicamente.

Qué puede hacer una PAS sobre estos problemas de salud

Hay una solución para cada problema, pero primero debe reconocer el problema, para estar seguro de poder encontrar la mejor solución. Saber que es una PAS es la primera revelación con la que debe lidiar y deberá encarar los desafíos que esto conlleva. El siguiente paso es desarrollar algún mecanismo de enfrentamiento. Como sabemos a estas alturas, varían en función de sus otros rasgos, y las formas en que manifiestan su rasgo de PAS.

Cuando haya marcado todas las casillas relevantes para usted en términos de las características de un PAS, sus pros y sus contras, y los problemas de salud, debería poder tomar los pasos a seguir y buscar soluciones para un óptimo estilo de vida que promueva una buena salud. Ahora, podemos abordar esto de la mejor manera.

1. Sea consciente de su dieta

Este es un gran consejo para cualquiera. Una alimentación saludable ayuda en sus niveles de energía, estimula su sistema inmunológico y lo hace sentir más fresco y mejor en general. Comer alimentos saludables también puede revelar cualquier sensibilidad o alergia a los alimentos que ni siquiera sabía que tenía.

Ahora bien, esto no significa necesariamente que deba cambiar toda su dieta a menos que sea necesario. Significa que debe ser más intencional con sus elecciones de alimentos. ¿Ha notado patrones en la forma en que come, los alimentos a los que es sensible, si el olor, el sabor o la textura alteran su sistema? En caso afirmativo, debe evitar los alimentos que desencadenan reacciones adversas. Si no es así, comience a prestar más atención a los elementos de su dieta que no son saludables. Lo más probable es que ya los conozca.

Además, reducir la ingesta de alcohol y cafeína puede generar cambios positivos en su estado de ánimo y niveles de ansiedad. Mucho después de dejar estas sustancias, puede seguir sintiendo sus efectos de manera evidente en su mente y cuerpo.

Aparte de esto, recuerde su necesidad de zinc, que se puede encontrar en alimentos ricos en proteínas, carnes, mariscos e incluso productos lácteos. Las nueces también son una buena fuente de zinc. El cordero y las castañas de cajú son dos de las mejores fuentes de zinc. Los champiñones y las espinacas también forman parte de la lista, por lo que puede elegirlos si tiene deficiencia de zinc. Se sorprenderá de cómo algunas pequeñas modificaciones en su dieta pueden afectar su salud en general.

2. Limpie su entorno

Además de mantenerse conscientemente alejado de los estimulantes nocivos, también pueden llevar a cabo una forma de desintoxicación en su hogar y espacio de trabajo. Desde productos para el cuidado personal como jabón, desodorante, perfumes y lociones corporales hasta productos de limpieza como blanqueadores y desinfectantes usados, todo debe ser evaluado con atención. Dado que estos productos son para su uso, aquellos que lo incomoden o le produzcan alguna reacción deberán ser reemplazados por alternativas más naturales.

También deberá mantener su espacio libre de desorden, ya que el desorden podría ponerlo más nervioso de lo normal. Reemplace estos elementos por otros más calmantes que resuenen con la serenidad que necesita. Entonces, ya sea por su sentido del olfato, vista u oído, deje que su entorno se identifique con sus necesidades, y que no desencadenen arrebatos emocionales. Una vez que tenga el control de su entorno inmediato, es probable que sus niveles de estrés se reduzcan, y solo le quede lidiar con las influencias externas.

3. Cuidado personal

Ser el hombro en el que todos se apoyan puede ser difícil, y se necesita tener una energía adecuada para ser el mejor consejero amigo. Sin embargo, debe darse cuenta de que todo comienza con usted. Sus emociones están por todas partes, y sí, parece que no puede soltarlas, pero ¿qué tal si usa toda esta información como una ayuda en lugar de bloquearse? Siga sus propios consejos y relájese. Descubrirá que es perfecto para la mente.

Salga a la naturaleza, de un largo paseo, reflexione (no pensando demasiado, sino reflexione con calma sobre las cosas importantes), medite, escriba o simplemente haga algunos ejercicios de respiración (respire profundamente por las fosas nasales y exhale por la boca). Cuando haya hecho al menos una de estas cosas, comenzará a sentir que la energía regresa poco a poco y que está listo para conquistar el mundo nuevamente.

4. Tenga un círculo social confiable

Ningún hombre es una isla, especialmente una PAS, sentirse seguro con las personas de su círculo es clave para superar muchos de los desafíos que podría enfrentar como PAS (incluidos los relacionados con la salud).

Las PAS se ven muy afectados por los estados de ánimo y las emociones de los demás. Si se siente agotado después de salir con alguien, es hora de reevaluar su relación con esa persona y decidir si la relación es tóxica para usted, ya que algunas relaciones son perjudiciales incluso para personas que no son PAS. Puede limitar sus interacciones con esta persona a reuniones al aire libre en las que no esté solo, así no será la única energía de la que se esté alimentando.

Acepte que no puede tener un círculo tan estrecho y no les cuente sus problemas. Hable cuando se sienta incómodo, feliz, triste o enojado. No silencie sus emociones, ya que esto podría llevarlo a un estado de depresión. Ayude a sus amigos a tomar decisiones razonables. Déjelo hablar. No todos pueden sentir las emociones de los demás en sus expresiones. A veces es necesario discutir algunas cosas.

Por encima de todo, ser uno mismo es un regalo y una parte permanente de su identidad. Ser consciente de este regalo y cómo se aprovecha para crear un estándar de vida deliberado que promueva la salud y el bienestar lo ayudará a controlar e incluso evitar algunos de sus problemas de salud recurrentes. Recuerde, cuide su mente y su cuerpo responderá en consecuencia. Lo mismo funciona cuando cuida su cuerpo porque la mente reacciona de manera positiva.

Capítulo 5: Crianza de niños altamente sensibles

Si su hijo ha sido catalogado como "tímido, muy emocional y muy perceptivo" es posible que usted esté criando a un niño altamente sensible. Puede que haya sido una fuente de interés o preocupación para usted ver cuán "diferente" es su hijo de sus amigos o miembros de su grupo de juego, por lo que este capítulo es de suma importancia para usted.

A estas alturas, debe comprender aquellas cualidades características de este tipo de persona. Es tema interesante para los niños porque estos se encuentran naturalmente en sus etapas formativas. Un niño crece y se convierte en una persona altamente sensible cuando muestra gran sensibilidad frente a acontecimientos de su entorno. Para un niño muy sensible, las pequeñas cosas importan. Ya sea por la forma en que alguien come, o por el estado de ánimo, el olor o la reacción de otros niños cuando algo sucede, un niño muy sensible puede notar muchas cosas.

Una pregunta que le viene a la mente a cualquier padre acerca de su hijo altamente sensible es si tal cosa debería provocar emoción o preocupación. Desde un punto de vista positivo, los niños muy sensibles tienen una sensación de conciencia mayor y más aguda. A menudo son talentosos e intelectualmente sólidos. Pueden mostrar creatividad y un alto nivel de emociones a una edad tan temprana. La desventaja de tener hijos muy sensibles es que tal aumento en la percepción podría ser un catalizador de muchos problemas emocionales.

Tener un hijo muy sensible es similar a tener un hijo que muestra superpoderes. Si luego se usa para salvar el mundo o destruirlo, depende del nivel de atención y crianza que se brinde. Tener un hijo muy sensible es normal, pero es necesario un alto nivel de paternidad. En palabras de Elaine Amor: "Es principalmente la paternidad la que decide si la expresión de sensibilidad será una ventaja o una fuente de ansiedad". La crianza de los hijos es un factor decisivo cuando se trata de la sensibilidad de los niños.

Este segmento le hará preguntarse: ¿cómo sé si mi hijo es muy sensible o no? ¿Qué puedo hacer? ¿Qué habilidades o mecanismos puedo adoptar?

La detección temprana de rasgos PAS en niños es importante. En este capítulo, se le presentará un manual mediante el cual podrá lidiar perfectamente con un niño muy sensible.

¿Cómo sabe que su hijo es muy sensible?

Esta sección tiene como objetivo fortalecer aún más el aspecto introductorio de este capítulo. No basta con saber qué es un niño muy sensible; también es importante saber cómo puedes *detectar* a un niño muy sensible. Estos rasgos preparan a los padres o maestros para una tarea muy importante. Al final, un niño muy sensible debe ser tratado con delicadeza. Esto puede suceder cuando el padre o el maestro se ha armado con la información necesaria, pero primero, puede tomar esta lista como guía para ver si su hijo es muy sensible.

1. Hace muchas preguntas

De alguna manera, ser sensible y curioso van de la mano. Es natural que los niños sean curiosos, pero esto no significa que todos los niños sean muy sensibles. Al mismo tiempo, este rasgo no se separa de un niño muy sensible. Los niños muy sensibles tienen muchas preguntas casi todo el tiempo. Esto se debe a que, como hemos comentado, son más susceptibles a su entorno. Ser consciente de su entorno los conduce a una gran cantidad de "¿qué pasaría si...?" y "¿cómo llegó a ser esto?". Los niños muy sensibles quieren saberlo todo, y esto es muy visible en los niños con PAS.

2. Son emocionales

Es probable que un niño muy sensible sea mucho más emocional para su edad de lo normal y tenga la tendencia a reaccionar de esa manera a casi todo. Un juguete roto podría hacer que un niño muy sensible se sintiera miserable por el resto del día. Se sienten arrastrados hacia los dolores de otras personas, animales o cosas, razón por la cual pueden encontrar una solución a estos problemas. Como niño PAS, pasan mucho tiempo preocupándose por los problemas de otras personas y constantemente buscarán cómo resolverlos.

3. Son buenos observadores

Estos niños tienen este gran sentido de observación de su entorno. Estos niños sensibles son maestros de interpretación de personas. Pueden ver el carácter y los rasgos de los demás y, si se les pregunta, podrían dar una descripción precisa de las personas que observaron. Para poner esto a prueba, puede pedirle a su hijo sensible que describa carácter de alguno de sus padres. Se sorprenderá con la cantidad de información que tienen a su disposición.

4. Les cuesta superar el fracaso

La frase "fracasa rápidamente y sigue adelante" no les sienta muy bien a los niños muy sensibles. Los niños muy sensibles son perfeccionistas. Cuando hacen algo, tienen mucho cuidado hasta en el último detalle. Cuando se comete un simple error, muchas cosas podrían salir mal. Los niños sensibles simplemente quieren saber por qué falló ese plan en particular. Reflexionan sobre el evento y tienden a hacer múltiples preguntas sobre por qué no se dieron cuenta de que su plan no iba tan bien como debería. Quieren saber cómo se puede resolver el problema y, a menudo, esto podría causar estrés y ansiedad.

5. Se enfadan fácilmente

Otro rasgo común que puede haber notado en los niños sensibles: Se enfadan con facilidad. Los niños sensibles son eso: sensibles, y las cosas más pequeñas pueden molestarlos. Un factor resultante es que reflexionan sobre los problemas durante mucho tiempo, y si se enojan con usted, podría pasar un tiempo antes de conseguir hablar sobre eso. Debido a que se sienten heridos, prefieren aferrarse que expresarte las cosas, al menos hasta que encuentren una solución en sus propios términos.

6. Un niño sensible es educado

El exterior puede ser un poco duro, pero el interior es encantador. Los niños sensibles, son jóvenes de buenos modales y son igualmente educados en cada entorno en el que se encuentran.

7. Les molestan los lugares ruidosos

La paz y la tranquilidad son una necesidad para los niños sensibles. Se distraen y molestan fácilmente en lugares ruidosos, y la mayoría de las veces, buscan lugares tranquilos. Si su hijo prefiere quedarse solo en su habitación en lugar de salir a jugar con niños de su edad, entonces podría ser considerado sensible.

¿Cómo lidiar con un niño muy sensible?

Ahora sabe cómo detectar a un niño altamente sensible. La siguiente pregunta debería ser qué hacer. Esta es la etapa crítica para los padres o profesores, y a continuación se ofrece una lista exhaustiva sobre cómo lidiar con los niños altamente sensibles.

1. Acepte que el niño es muy sensible

Antes que nada, un padre o maestro debe aceptar la naturaleza del niño. Como padre o maestro, es normal estar preocupado por la obvia naturaleza súper sensible del niño, pero comprenda dos cosas. En primer lugar, el niño no pidió ser hipersensible y, en segundo lugar, depende de usted, como padre o maestro, y no como niño, transformar esta alta sensibilidad en algo positivo. Obligar al niño a cambiar podría ser muy peligroso y esto podría afectar su comportamiento de manera perjudicial. Por tanto, es muy importante que vea al niño como algo especial y no como un inadaptado. Vea la sensibilidad del niño como un *don*.

2. Anímelo siempre que muestre sus rasgos positivos

Hemos hablado de las ventajas y desventajas asociadas con los niños muy sensibles. Una forma estratégica de reducir este último tanto como sea posible es fomentar los rasgos positivos de su hijo. En la medida de lo posible, intente que su hijo vea lo bueno al mostrar sus rasgos positivos. Concéntrese en las fortalezas de su hijo. Ser padres de niños muy sensibles incluye apoyarlos, especialmente cuando han hecho algo positivo. Es su deber como padre o maestro ayudar a su hijo a darse cuenta de estas cualidades e incluso ayudarlo a querer hacer cosas más positivas.

3. Comprenda los sentimientos del niño

Un niño sensible tiene una gran cantidad de emociones de alto rango fluyendo a través de él. Por lo tanto, uno de los primeros pasos de un padre o maestro es comprender estos sentimientos. Debido a su alto nivel de sensibilidad, las emociones eventualmente pueden salirse de control. Ignorar este punto será un error. Aprenda a aceptarlo y sea receptivo a él.

4. Trate de tranquilizar al niño

Los niños altamente sensibles están constantemente conscientes de su entorno. Saben que se diferencian de otros niños y, a veces, lo ven en la actitud de los demás hacia ellos. Es probable que un niño sensible se sienta rechazado por sus compañeros y, como padre o maestro, debe recordarles constantemente que no hay absolutamente nada de malo en ser sensible. Anime a su hijo con sus palabras y con sus acciones para que no se sienta separado del mundo exterior.

5. Guíe al niño

En esta etapa de la vida, el niño necesita la mayor orientación posible. No basta con ver o aceptar que son sensibles. También es imperativo que esté presente como padre o maestro a la hora de tomar ciertas decisiones. Cree conversaciones regularmente con su hijo y ayúdelo a enfrentar sus situaciones sociales. Es probable que la interacción social sea difícil para un niño sensible. Su contribución al desarrollo de su hijo es sumamente importante. Trabajen juntos como un equipo y gradualmente; verá signos de progreso. No decida por su hijo. Ayude al niño a tomar las decisiones correctas y elógielo para ayudarlo a desarrollar su confianza en sí mismo.

6. Sea tranquilo y paciente

Lo más importante, como padre o maestro, es comprender que la paciencia es una virtud. Es probable que a veces lo pierda con su hijo porque puede tener diferentes perspectivas sobre las cosas. Aquí es donde debe tener en cuenta que su hijo muestra un rasgo de personalidad. Su hijo solo hace las cosas de la manera que sabe. Intente ver las cosas desde la perspectiva de su hijo y llegar a un acuerdo con él. Además, comprenda que es posible que las cosas no funcionen bien si intenta hacer cumplir sus propias creencias.

Además, si está demasiado molesto para lidiar con su hijo, busque la ayuda de su pareja o aléjese a un lugar tranquilo hasta que pueda manejar la situación de una manera más perceptiva.

7. La planificación es esencial

Ya conoce la personalidad de su hijo. Ahora depende de usted planificar con anticipación para poder lidiar con su hijo altamente sensible. El primer nivel de planificación involucra a su hijo. Comparta sus planes con su hijo y asegúrese de que ambos piensan de la misma manera con respecto a cómo lidiar con su personalidad. Al planificar junto con su hijo, puede aprender ciertas cosas como lo que le gusta y lo que no le gusta, cuánta interacción social puede afrontar y qué tipo de actividades disfruta. Cuando involucra a su hijo en tales planes, está a la mitad del camino para ayudarlo a enfrentar situaciones potenciales.

8. Evite que acosen a su hijo

Los niños sensibles son presa más fácil para los matones, aparentemente debido a su personalidad. Un niño sensible hace las cosas de manera diferente a sus compañeros, y eso es suficiente para ser objeto de atención por parte de los acosadores. Como padre o maestro, debe proteger al niño de los acosadores tanto como sea posible. No puede estar con su hijo todo el tiempo, pero puede desarrollar su confianza. Cuando su hijo siente que puede compartir sus miedos con usted, sus niveles de confianza aumentan, y esto contribuirá en gran medida a protegerlo del comportamiento de intimidación. Intente que su hijo se sienta seguro continuamente y aumente su nivel de confianza. Como no puede estar con su hijo todo el tiempo, puede contar con las amistades conformadas por su hijo.

Importancia de la detección temprana de alta sensibilidad en niños

Tener un hijo muy sensible no debe considerarse un obstáculo. Es simplemente un rasgo neutral. Una forma de control de la situación para un padre o un maestro es poder detectarlo desde el principio. Este capítulo es muy importante cuando se trata de niños muy sensibles.

Para los padres, detectar si su hijo es muy sensible les ahorra un tiempo precioso de preguntarse si deberían preocuparse. Ahora que comprende lo que significa tener un hijo muy sensible, puede crear un entorno adecuado para su hijo.

Para los maestros, se pueden proporcionar experiencias de aprendizaje favorables para este tipo de perfil. Se puede construir un entorno de aprendizaje que coincida con las fortalezas del niño altamente sensible y desarrollar continuamente estos rasgos para convertirlo en una persona mejor y más capaz.

Capítulo 6: Las PAS y las relaciones

Enamorarse y estar en una relación conlleva muchos matices diferentes de emoción, y esto es para todos, ya sea para una PAS o no. A veces, parece imposible dominar las explosiones de felicidad del momento y prever las pequeñas gotas de tristeza que vienen inmediatamente después, típicas partes de una relación. En verdad, esta es una realidad para todos, pero es sumamente abrumador para una persona muy sensible.

En los capítulos anteriores, discutimos varias características que los hacen diferentes de los demás. Ya sea que se trate de ser intuitivo o muy sensible o de percibir las emociones de las personas, estas características pueden funcionar ventajosamente o no dentro de una relación.

Se les considera personas especiales, algo que ha sido justificado por el 20 % de las personas altamente sensibles en el mundo. Estadísticamente, ya se están mezclando con el otro 80 % del mundo de los no muy sensibles, y es probable que surjan relaciones entre los dos. Cuando uno se involucra en una relación con una persona que no es PAS, puede compararse con dos mundos diferentes que intentan formar una coalición. Se trata de dos personas con distintas peculiaridades psicológicas y emocionales. Dependiendo del nivel de conocimiento de ambas partes, estas relaciones pueden tener éxito o pueden fracasar. Tienen una visión diferente de la realidad, pero este don o rasgo podría ser la razón que los vuelva vulnerables en una relación. Y la mayoría no comprende la gravedad de sus rasgos cuando están en una relación, lo que hace que esas relaciones se desmoronen.

Cuando esto sucede, una pregunta popular que surge en la mente de un PAS es "¿Qué me pasa?". Para ellos, las cosas se vuelven abrumadoras y parece que, haga lo que haga, simplemente no pueden aferrarse a la relación.

Este punto se agrava en gran parte por la falta de comprensión. Incluso *ellos* no detectan sus propios rasgos y en cómo su sensibilidad puede afectar prácticamente todo.

Es por eso que este libro, y en particular este capítulo, ayuda a acortar la brecha de conocimiento y ver qué se puede hacer exactamente con las PAS y las relaciones.

La diferencia entre una persona muy sensible y una persona no muy sensible

Como se ha mencionado varias veces, una persona muy sensible es especial, pero ¿en qué se diferencian de una persona no muy sensible? La alta sensibilidad afecta sus relaciones. Los rasgos de personalidad incorporados tanto en una PAS como en una no PAS son suficientes para causar desafíos dentro de una relación. A menudo, la tarea consiste en ver cómo ambos difieren en sus personalidades.

Una forma crítica de separar a la PAS de una persona no PAS es observar el nivel de energía que se pone en la relación. Aunque prefieren quedarse solos porque creen que sus rasgos pueden ser perjudiciales o provocadores en una relación, se enamoran fácilmente. Tienen la virtud de sentir profundamente a las personas, y esas emociones pueden trascender en el enamoramiento. Debido a la atracción emocional y la atención que brindan, están llenos de esa alta energía.

Incluso si suena agradable para cualquiera, generalmente es el catalizador de los muchos desafíos que enfrentará una pareja que se jacta de tener al menos una persona muy sensible.

Ser una PAS significa que podrá darse cuenta de que su pareja no está de acuerdo con muchas cosas en las que usted cree. Su pareja no apreciará las mismas cosas que usted aprecia. La profundidad emocional en ambas partes es diferente, ya que es probable que su pareja no vea las cosas de la misma manera que usted, excepto que sepa reconocer que la profundidad de sus emociones es diferente. Cuando esto sucede, puede sentirse decepcionado o frustrado y aparecerán grietas en la relación. Incluso puede sentir que está a punto de desmoronarse. Cuando usted y su pareja son diferentes emocionalmente, comienza a exigir cosas que no pueden ofrecer. Su pareja no puede ofrecer estas cosas porque *no las entienden.*

El problema aquí no es ni siquiera lo que un compañero puede o no puede hacer. El problema radica en que no son capaces de darse cuenta de que su pareja no está al mismo nivel que ellos. Aunque las decepciones y los malos entendidos son normales en toda relación, son elementos que seguirán apareciendo si no buscan descubrirse a sí mismos. Parte de eso es ver cómo ser una persona muy sensible puede afectar sus relaciones.

¿Cómo puede afectar su relación el ser PAS?

Las PAS pueden hacer que una relación se sienta maravillosa y, a la inversa, también son capaces de hacer que una relación se sienta peligrosa. Pueden afectar su relación de forma positiva o negativa; dependiendo de cómo comprenda esa sensibilidad. Antes de pensar en construir un límite seguro, primero sepa cómo el ser una PAS puede afectar su relación positiva y negativamente.

1. Son atentos

Uno de los rasgos más comunes de estos individuos es su naturaleza observadora. Son buenos para estudiar su entorno y las personas que los rodean. Desde las cosas importantes hasta los más mínimos detalles, no se les escapa nada. Esto es particularmente especial en una relación porque al ser observadores, pueden extraer muchos detalles sobre su pareja. Si una PAS es muy buena observando, significa que es probable que busque cosas abstractas en su pareja, como su confianza, belleza interior o talentos. Tener una persona observadora como pareja es probable que aumente la confianza de ambas partes en esa relación. La desventaja de este alto nivel de observación es el comportamiento obsesivo que lo acompaña. La naturaleza observadora puede hacer que adopte una postura de juicio y es posible que siempre vea fallas en su pareja. Es probable que se tomen las cosas demasiado en serio y esto se convierte en una preocupación incluso para sus compañeros.

2. Son compasivos

Son muy compasivos. Parece que no existe hace daño en tanto amor, cuidado y apoyo hacia el bienestar de sus parejas, pero esta profunda conciencia y empatía hacia a sus parejas puede convertirse en un problema. Si pueden tomar demasiadas emociones de su pareja como propias, simplemente significa que experimentarán un flujo similar de emociones. Significa que, si su pareja está deprimida o triste, la pareja muy sensible también estará deprimida o triste. Las relaciones brindan un fuerte apoyo para el equilibrio emocional, y si una persona está deprimida, la otra debería poder brindar apoyo. Esto es difícil para ellos porque si su pareja suele estar de mal humor o ansioso, estarán constantemente de mal humor.

3. Son muy conscientes

Las PAS están bendecidas con el don de ser muy sensibles. Pueden ver las cosas desde muchos ángulos y, a menudo, establecen altos estándares para sí mismos. No hay nada de malo en tratar de ser mejores, excepto que cuando no cumplen con esos elevados estándares, cargan con una gran culpa. Que nadie sea perfecto no parece dar bien con ellos. Lo consideran un fracaso monumental y se necesita mucho tiempo para superarlo. En el proceso, se pierde la intimidad con su pareja y la distancia dificulta la relación. Parte del alto estándar para ellos podría ser la expectativa de que una pareja tenga los mismos rasgos que ellos. Esto significa que esperan que su pareja sea tan observadora y cariñosa como ellos, lo cual es normal y humano. La decepción se produce cuando no existe tal sentimiento de reciprocidad, y la idea errónea de que su pareja no lo ama puede volverse difícil de sobrellevar.

4. Son bondadosos

No existe tal cosa como ser demasiado cariñoso en una relación, pero para ellos, uno podría llamarlo una consecuencia involuntaria porque pueden captar cada detalle y cada elemento que denota cuidado por parte de su pareja debido a los rasgos asociados con ser una persona muy sensible. De esa manera, pueden satisfacer incluso las necesidades más pequeñas de su pareja, pero a menudo se olvidan de satisfacer sus propias necesidades. Si se preocupa tanto por su pareja y descuida sus propias necesidades, gradualmente se agotará y se sentirá agobiado. Ser cariñoso DEBE extenderse al cuidado de sí mismo y de los demás.

5. Cambios de humor

El estado de ánimo delata mucho sobre este tipo de personas. Puede que no exista un estado de ánimo constante con las PAS, su estado de ánimo cambia como el clima. Entonces, si una PAS es saludable, por ejemplo, es probable que tenga una presencia mucho más agradable cerca de su pareja, y la relación se llena incluso de energía. Pero pueden irritarse o enojarse con su pareja de un momento para otro. Ciertas actitudes de su compañero pueden estimularlo en exceso. Por ejemplo, si la pareja habla mucho o es muy activa, es posible que se disponga de poca paciencia.

6. Conformismo

Existe el peligro de que una relación entre una PAS y su pareja pierda el entusiasmo cuando haya una diferencia en las cosas que disfrutan. Pueden estar de acuerdo en cosas simples, algo como observar la naturaleza o ver cuadros en una galería de arte, pero las PAS suelen esforzarse para estar de acuerdo con los gustos y disgustos sociales de su pareja. Las personas tienen intereses diferentes, y cuando la pareja no tiene los mismos intereses que su cónyuge, esto puede interpretarse como una falta de amor o cariño, poniendo la relación bajo tensión. Aunque es habitual que se preocupen más por los intereses de su pareja, también se debe prestar la misma atención a sus propios intereses.

7. Malentendidos

Tras explorar su naturaleza en este libro y específicamente en este capítulo, es obvio mencionar que se los malinterpreta la mayor parte del tiempo. Procesan la información con tanta profundidad que a menudo les toma más tiempo mantenerse atento con una conversación, especialmente una de ritmo rápido. Cuando eso sucede, sus parejas suelen malinterpretarlos. Un compañero afectuoso debe ralentizar la conversación para tener en cuenta su necesidad de digerir la información con cuidado.

8. Son vulnerables

Las emociones y sentimientos de las PAS inundan su mente de manera rápida y pesada. Con ese sentido elevado de las emociones, puede ser difícil para usted expresar sus necesidades o deseos a su pareja sin que parezca que está exagerando. Las PAS tienden a hablar con una fuerte convicción. ¿Qué sucede? Por supuesto, la relación puede colapsar, aunque una explicación de la afección puede ayudar a la pareja a ser más receptiva.

9. Tiempo de inactividad

Algunas relaciones románticas terminan para las PAS porque están demasiado preocupadas por ser una buena persona en la relación, por no crear momentos de espacio personal (tiempo de inactividad). Dado que una persona sensible está sobreestimulada, se necesita constantemente un momento para calmarse. Ser una buena pareja no siempre asegura una relación exitosa, y debe recordar que la profundidad de las emociones que expresa no medirá su relación. Ambos dos son parte de la relación y ambos necesitan tiempo de inactividad.

10. Son fáciles de intimidar

Es probable que enfrentarse a su pareja sea un estímulo muy fuerte para una PAS. A veces les resulta difícil lidiar con todas las preguntas que se les plantean. Se vuelve mucho peor cuando sus parejas interpretan ese comportamiento como si estuvieran ocultando algo. Ser incapaz de lidiar con la confrontación puede evitar que seas honesto, lo que lleva a una relación fallida cuando tu pareja confunde esto con una falta de intimidad.

Cómo manejar su relación de la manera correcta

Se deben crear límites seguros en las relaciones románticas de una PAS. Esto se debe a que son vulnerables a cualquier tipo de relación. Con esos rasgos a la vista, puede convertirse en el centro de muchas fallas en su relación. E incluso cuando parezca que usted no tiene la culpa, su pareja puede echarle la culpa rápidamente a usted debido a su comportamiento. Los límites ayudan a evitar esto.

Esto no quiere decir que las **PAS** no deban enamorarse o tener una relación. Todos pueden estar en una relación, sean sensibles o no. Lo que significa es que deben comprender ciertos aspectos de sus rasgos.

El primero, y el más importante, es que debería verse a sí mismo como *dotado, (no maldito)*, como una persona muy sensible. De esta manera se quitan muchas dudas. Por supuesto, eso no significa que no deban pasar por el proceso de autodescubrimiento, y no significa que deba descuidar todo lo que se ha escrito en este capítulo. SIGNIFICA que se necesitan ciertos límites para protegerse del daño y el potencial de discusiones innecesarias.

Otro aspecto a considerar es que no todos verán las cosas como las ve usted. Hay muchos problemas que puede resolver con solo darse cuenta de esto. Todos tenemos una forma diferente de ver las cosas, sean sensibles o no, y eso significa que los sentimientos también serán diferentes. Aun así, como PAS, su pareja puede dedicarle atención y hacerle sentir el amor que desea.

Como persona sensible, mantener intactos sus límites le ayudará a mantener una gran autoestima. La autoestima es lo que mantiene a las personas sensibles bajo control mientras intentan ser quienes son. Pueden sobrevivir a una relación cuando tienen la mente abierta sobre su comportamiento y actitud, y se dan ese valor personal tan importante. Si padres positivos lo han criado como PAS, use su ejemplo para explicarle a su pareja cómo funciona su mente, haciéndoles conscientes de por qué necesita establecer límites y lo que puede experimentar si estos no están en su lugar.

Puede experimentar las mejores relaciones solo si realmente comprende su sensibilidad y la comparte con su pareja.

Capítulo 7: Opciones profesionales para las PAS

Todo el mundo dedica gran parte de su tiempo y energía a sus carreras. Es comprensible que las malas elecciones profesionales provoquen muchos problemas, y es mejor que hagamos algo que complemente nuestras habilidades y tendencias naturales. Descubrir qué tan bien se adaptan su personalidad y sus pasiones a su posible elección de carrera podría evitar que se arrepienta y se sienta insatisfecho.

Como almas sensibles que son, las PAS deben ser más deliberadas sobre sus elecciones profesionales, para que no terminen sintiéndose miserables. Debido a que no todos son iguales, lo que podría ser perfecto para uno podría no ser adecuado para otro. Aun así, tienen muchas opciones para elegir porque tienen mucho que ofrecer. Conocer sus fortalezas y debilidades hace que sea más fácil saber qué opciones profesionales son mejores para usted. Solo asegúrese de ser auténtico cuando trabaje, para que el trabajo no se convierta en otro desencadenante de estrés.

Ya sea que aproveche su creatividad o sus habilidades analíticas, su carrera debe hacerlo sentir con confianza. Para aquellos que tienden a pensar demasiado, sentirse constantemente incompetentes en el trabajo obstaculizará su productividad.

Factores a considerar al explorar opciones profesionales

En base a esto, algunos factores a considerar al elegir una carrera incluyen:

1. Pasión

Esto funciona para todos porque necesitamos involucrarnos emocionalmente en lo que sea que estemos haciendo para sentir un impacto. Siempre debe haber una cierta cantidad de impulso cuando elige el trabajo que desea hacer, ya sea que esté trabajando desde casa o fuera de ella. Trabajar no debe consistir solo en ganar dinero, sino en agregar valor y crear recuerdos duraderos.

Como PAS, aquí es donde quizás tenga que hacer un examen de conciencia. ¿Qué se encuentra haciendo que disfruta realmente y que no le importará seguir haciendo a largo plazo? ¿Dónde siente que sus habilidades prosperan más? ¿Qué tipo de trabajo le da un propósito? La verdad es que, no importa cuál sea su elección, habrá momentos en los que el trabajo parecerá abrumador, pero si le apasiona su trabajo, esa pasión lo motivará a superar esos problemas.

A menudo, vemos que las personas exitosas cambian de carrera porque simplemente no pueden dejar ir sus pasiones. Nunca es demasiado tarde para perseguir su pasión, pero cuanto antes lo haga, mejor. Para sentirse realizado, su carrera debe tener significado y alinearse con sus valores.

2. Tiempo

En promedio, un empleado a tiempo completo en Estados Unidos trabaja 38,6 horas a la semana y 1768 horas al año. No importa cómo se mire, es mucho tiempo. Por lo tanto, sería mejor si se asegurara de que cada hora valga la pena. ¿Está trabajando en este momento? Si es así, ¿está satisfecho con el lugar donde se encuentra y cree que está cumpliendo su propósito?

Al decidirse por una carrera, pensar en el panorama general puede parecer difícil, pero es necesario. ¿Cuántas horas puede trabajar en una semana? ¿En qué momentos del día es más productivo? ¿Cuánto tiempo piensa permanecer en su trabajo? ¿Tiene planes de crear una empresa? Las respuestas a estas preguntas determinarán qué tan bien le irá en la carrera que elija.

Además de estos consejos, aquellos que prefieren estar en su propio espacio y tomarse su tiempo en la toma de decisiones están mejor trabajando como autónomos o dueños de negocios que los empleados típicos de 9 a 5.

3. Habilidad

Además de estar motivado y tener todo el tiempo del mundo para un trabajo o carrera en particular, debe estar seguro de que puede hacer el trabajo. No es inusual ver que las cosas que pensamos que eran fáciles se vuelven mucho más difíciles. Un hecho que ayuda a aclarar esto es que el conocimiento, las habilidades y las capacidades son diferentes, pero todos son necesarios para prosperar en nuestras diversas carreras. "¿Cómo puedo notar la diferencia?", usted se preguntará. Bueno, esta pregunta es un buen disparador.

"¿Sabe cómo cortar el cabello?". Esta puede parecer una pregunta divertida. Su respuesta a esta pregunta probablemente sea sí. Pregunté cómo cortar el cabello, podría haber dicho "usando tijeras" o incluso ir más allá para explicar cómo cortarlo en secciones para lograr uniformidad. Eso es conocimiento básico para usted. Si se le pide que corrobore su habilidad, entonces allí sabremos si realmente sabe hacerlo bien. Alguien que no necesariamente sea peluquero, pero que sepa cómo producir buenos resultados, tiene la habilidad inherente (también conocida como talento). Alguien que demuestra experiencia y otorga un resultado deseable es experto en cortar el cabello. Es por eso que no acude a cualquiera para que le corte el cabello. Lo mismo ocurre con una trayectoria profesional.

A veces, su capacidad y habilidades pueden no estar al mismo nivel. Es posible que tenga una habilidad especial para escribir. Digamos que usted ganó todos los concursos de redacción en la escuela secundaria, pero ¿eso significa que tiene la habilidad para tener una columna en una revista empresarial? No, no es así, pero afortunadamente, las habilidades siempre se adquieren, y su determinación y esfuerzo marcarán la diferencia.

Nunca dejamos de aprender, así que además de sus habilidades innatas (ser empático, reflexivo, meticuloso y con inclinación artística) actualice su reserva de habilidades para seguir siendo relevante y capaz de hacer el trabajo. Esto le resultará un gran mecanismo de supervivencia porque todos sabemos cómo todo puede ser tan diferente para ellos.

Ahora que aclaramos esto, es posible que ya tenga excelentes ideas para su próximo trabajo. Si no es así, relájese mientras descubrimos algunas de las opciones profesionales que podrían ser excelentes para las PAS. Sin embargo, recuerde que todo se reduce a su caso particular. No elija una carrera profesional solo porque alguien diga que es la adecuada para usted. Debe asegurarse de que se alinee con su personalidad, ritmo, habilidades y visión.

Vayamos a eso entonces, ¿de acuerdo? ¿Cuáles son las mejores opciones profesionales para las PAS y por qué son excelentes opciones?

Opciones de carrera para las PAS

Servicios de salud

Ya sea que se trate de ese médico meticuloso que no se detiene hasta encontrar una solución a una anomalía, o de la enfermera más cariñosa que forma un vínculo con cada paciente, muchas PAS prosperan en el área de atención médica. Lo primero que llevaría a una persona a considerar la medicina o la salud como una carrera (además del deseo de ayudar a las personas y salvar vidas) es la curiosidad. Recuerde, las PAS siempre quieren saber un poco más a la hora de tomar las decisiones diarias. ¿Cuánto más cuando se trata de vidas? Estos campos también se alinean con otras fortalezas de las PAS como la empatía, la compasión y el conocimiento intuitivo de los sentimientos de los demás.

Además de ser médico o enfermero, existen otros aspectos de la asistencia sanitaria donde las PAS puede estar cómodas:

- Psicoterapia: uso de la psicología para resolver problemas de salud mental.

- Fisioterapia: tratamiento de enfermedades y lesiones a través de métodos físicos como masajes, tratamientos térmicos y ejercicio, en lugar de medicamentos o cirugía.

- Nutrición: usar la dieta adecuada para promover una buena salud.

- Coaching personal: seguimiento de los pacientes en el camino hacia el cuidado personal y el desarrollo de objetivos de salud a largo plazo.

Ciertamente habrá que lidiar con las emociones de otras personas, pero estas actividades les resulta muy atractivas. Mientras haya pasión, las variables son soportables. Además, siempre tendrá que experimentar las emociones de los demás, por lo que es mejor que lo experimente cuando trabaje en algo que ama y lo satisfaga.

Industria creativa

Si bien todos quieren verse a sí mismos como creativos, este rasgo es más evidente en ciertas personas. Somos testigos de la creatividad todos los días; desde las películas que vemos hasta los anuncios, las canciones que escuchamos e incluso los libros que leemos. Todos estos son productos de un proceso creativo. Si bien algunos creativos están a la vanguardia, como diseñadores de moda, músicos, artistas plásticos, actores y autores, otros trabajan detrás de escena para apoyar a los creativos o agregar estética a su trabajo, como editores, fotógrafos, directores, gestores de medios y diseñadores gráficos. Todas son personas que ponen a trabajar su talento artístico como un trabajo diario.

Con la forma en que notan varias sutilezas, se esfuerzan más para asegurarse de que su producción sea excelente y sin errores. Esto es gratificante y es una habilidad muy buscada en la industria creativa porque además del talento, la atención al detalle es importante para destacarse.

Además, los trabajos creativos se realizan fácilmente de forma independiente, e incluso de forma remota a veces, por lo que esto les brinda tiempo y espacio para aprovechar la creatividad interna y desempacar toda la información antes de entregar su trabajo. ¿No es asombroso? Si planea aventurarse por su propia cuenta, ser un profesional creativo es una forma de construir experiencias profesionales, establecer contactos y construirse como artista.

Academia

Aquí, se explora la perspicacia y la consideración de una PAS porque las carreras en el mundo académico giran en torno al asesoramiento, la enseñanza, las conferencias, la investigación y el análisis. Según un artículo de la revista Forbes, tienen mentes muy activas. Se mejora la parte del cerebro relacionada con la atención, lo que les facilita prestar atención a los detalles, planificar, tomar las decisiones correctas y utilizar la intuición. Por lo tanto, tienden a prosperar en lo académico.

Aunque la academia es un campo muy competitivo, les da espacio para aprovechar sus fortalezas. Incluso como estudiantes, tienden a ser los que retienen al profesor durante unos minutos después de la clase, para explicarles algún concepto porque les gustaría saber más sobre el nuevo tema que acaban de descubrir.

Dado que la investigación y el aprendizaje nunca terminan en este campo, se seguirá alimentando el deseo de aprender. Además, al sentir las emociones ocultas de los demás, un profesor PAS captará fácilmente las señales cuando los estudiantes no estén siguiendo una lección en particular y podrán cambiar de técnica para llamar su atención. Esta capacidad también es útil para los consejeros escolares. Los estudiantes estarán más abiertos a alguien que pueda relacionarse con lo que están pasando sin hacerles demasiadas preguntas o parecer críticos.

Otra cosa con los académicos es que puedes especializarte, por lo que no estás por todos lados. Solo le está enseñando a la gente lo que ya le apasiona, y puede tener un impacto y crear recuerdos significativos mientras hace su trabajo. A menudo escuchamos historias de éxito de personas basadas en cómo los académicos notables hicieron que el viaje a la cima fuera más fácil para sus estudiantes. Esto es simplemente una maravilla para los académicos, junto con muchas otras satisfacciones. ¿Cuánto más se puede esperar de una PAS que aprecia tanto las emociones positivas?

Trabajador autónomo

Si bien generar un impacto en una empresa puede ser satisfactorio, administrar el éxito de su propio negocio podría ser toda la tranquilidad que necesita para saber que es valioso para la sociedad. También puede sentir que sus ideas y esfuerzos son demasiado valiosos como para gastarlos en la construcción del imperio de otra persona, por lo que prefiere dedicar todo ese tiempo y energía a su propio esfuerzo. Se mire como se mire, administrar su propio negocio puede ser un soplo de aire fresco.

Sin embargo, no todo el mundo está a la altura de esta tarea porque mantener empresa tiene sus desafíos. Sin embargo, no temas si tienes una visión clara y puedes transmitirla a tus empleados y al entorno, ya que esos desafíos serán más fáciles de superar.

Otra ventaja es que puedes configurar tu espacio de trabajo a tu gusto, desde la decoración hasta los aromas y cualquier otro detalle que consideres importante. Además, puede administrar sus horarios. Usted sabe qué momentos del día son más productivos para usted, por lo que puede crear un horario en torno a sus preferencias y pasar el resto del día haciendo otras cosas significativas o bien descansando.

También es mejor trabajar con su equipo porque será más considerado con sus dificultades. También se preocupa por el bienestar de su gente, porque sabe que eso ayuda a la productividad, y todo va bien cuando está en el mejor estado de ánimo.

Recuerde que el estrés proviene de sentir que ha perdido el control de su entorno. Esto significa que ser dueño de su negocio reducirá sus niveles de estrés.

Trabajos sin fines de lucro

Trabajar para organizaciones sin fines de lucro puede no ser el trabajo soñado de muchas personas, pero podría ser muy satisfactorio para alguien que quisiera agregar valor y tener un impacto en el gran esquema de las cosas. En realidad, se trata del alcance. Si le apasiona una causa y sabe que hay organizaciones en las que puede brindar su apoyo no solo donando, sino también ofreciendo sus servicios, ¿por qué no lo haría? Pero al igual que cualquier otra profesión, esto tiene su otra cara. Las organizaciones sin fines de lucro pueden ser muy estresantes o incluso más difíciles que el trabajo del sector privado. Así que debe elegir con precaución.

A menudo piensan que las profesiones sin fines de lucro son una buena opción. Estas incluyen trabajo administrativo, trabajo de investigación de subvenciones, ayuda con la recaudación de fondos e incluso marketing y dirección de proyectos que ayudan a otras personas (dependiendo de cuán exigente sea el trabajo).

Manténgase dentro de la seguridad de sus capacidades. Además, no permita que el nivel de pago le pese mucho. Siempre puede elegir trabajos independientes a distancia en función de sus habilidades y ganar dinero extra.

Sector de TI

Dado que el mundo depende en gran medida de la tecnología, se necesitan personas confiables en el espacio de la tecnología de la información para asegurarse de que los sitios web no se bloqueen, las aplicaciones funcionen bien, los piratas informáticos no estén haciendo de las suyas y, en general, que el mundo de las TI siga progresando. Comprender la dinámica del software y el hardware informático, Internet y cómo se pueden usar para el bien de todos, y luego infundirlo en un trabajo basado en soluciones requiere creatividad, precisión y la cantidad adecuada de intuición.

Ya sea que se trate de codificación, programación, instalación de hardware o desarrollo web, su atención al detalle será útil. También necesitarán poca o ninguna supervisión porque son personas orientadas a resultados y no necesitan ser supervisadas para ser productivas. Sus patrones de pensamiento también serán necesarios a la hora de elaborar los algoritmos que se utilizarán y, en el caso de cualquier problema, harán todo lo posible para resolverlo.

Además de estas ventajas, los espacios de trabajo de TI suelen ser menos tensos que las oficinas típicas del sector privado, y los profesionales pueden hacer su trabajo sin distraerse. Aunque la actitud de sus colegas también contribuye en gran medida a determinar cómo le irá en su trabajo, esté abierto a la oportunidad de conocer gente, aprender de ellos y establecer contactos.

Hay mucho trabajo remoto en el sector de TI, por lo que puede trabajar desde la comodidad de su propio espacio, pero no tenga miedo de trabajar con otras personas. En este mundo no podemos sobrevivir sin otras personas. Por lo tanto, también puede ponerse de pie y enfrentar sus miedos, sabiendo que tiene un valor que aportar y que nadie puede hacer que se sienta menos valioso. Además, trabajar con personas con intereses similares mejorará su conocimiento y comprensión.

Reiterando lo que se mencionó anteriormente, estas son solo guías, no un plan. La decisión es vuestra. Si tiene una pasión fuera de estas opciones de las que puede hacer una carrera (después de sopesar los pros y los contras, como suele hacer), siga los pasos para asegurarse el trabajo de su preferencia.

Capítulo 8: Las PAS y las mascotas

Puede parecer confuso al principio, pero dos cosas que van juntas son las PAS y las mascotas. Eso se debe a que existe una conexión entre ellos y sus mascotas. En los capítulos anteriores, habrá encontrado indicios de por qué deberían tener mascotas, profundizaremos en este capítulo.

La investigación ha demostrado que las mascotas son muy beneficiosas para los humanos, pero su impacto en las PAS es enorme. Dra. Elaine Aron, autora de El niño altamente sensible, explica que las PAS podrían disfrutar de tener mascotas a su lado debido a su empatía y capacidad de respuesta emocional. Hablando de las PAS (en los niños), dice: "Ser sensibles a los animales que nos rodean puede beneficiarlos, no solo a su bienestar físico, sino también a su salud mental. Y nos conecta con personas sensibles, sutiles, discriminatorias y leales a sus amigos".

Tener mascotas puede ser una experiencia maravillosa, pero es una experiencia especialmente importante para estas personas, especialmente cuando son niños. Dado que los niños muy sensibles se encuentran en su etapa de desarrollo, es probable una mascota sea muy buena compañía. Existe esa conexión especial entre los niños sensibles y las mascotas, y a través de estas mascotas, los niños sensibles aprenden muchas cosas que ayudarán a su desarrollo emocional y conductual. Estos niños sensibles pueden contar con su "animal de compañía" y, curiosamente, estas mascotas también pueden conectarse con los sentimientos humanos. Por ejemplo, algunas investigaciones han demostrado que los caballos pueden leer las expresiones faciales humanas y también pueden recordar los estados emocionales de las personas y adaptar su comportamiento a ellos. Los perros producen los mismos sentimientos de amor humano y las mismas hormonas cerebrales cuando los miras a los ojos.

Es lógico recomendar una mascota a una edad temprana debido a lo temprano que aparecen estos rasgos de personalidad y debido a las súper emociones conectadas en sus cerebros. Los niños sensibles, especialmente, aprenden muchas cosas sobre las mascotas. Incluso aprenden sobre el dolor cuando estas mascotas mueren y, si bien suele ser un momento doloroso, les ayuda a desarrollar sus comportamientos y respuestas emocionales, preparándolos para el mundo.

Este capítulo profundiza en el mundo de las PAS y las mascotas, especialmente por qué perder una mascota es un gran problema para ellas y cómo pueden lidiar con la pérdida de una mascota.

¿Cuáles son los mejores animales para personas altamente sensibles?

A estas personas les cuesta moverse en sintonía con el resto del mundo debido a sus rasgos de personalidad. Aquí es donde un animal se convierte en su mejor amigo. Las investigaciones demuestran que los perros pueden reducir el estrés de un individuo y bajar su presión arterial. Específicamente, las razas como el Chihuahua, el Yorkshire Terrier y el Cavalier King Charles Spaniel son los mejores animales para las PAS.

Uno podría preguntarse qué es lo que provoca esta fuerte conexión o atracción con los animales. Aquellos que encuentran consuelo en animales tiernos y amorosos suelen entenderlo mejor.

¿Por qué la muerte de una mascota es tan difícil para una PAS?

Naturalmente, perder a una mascota querida es un gran problema para todos, sean sensibles o no. Las mascotas son muy importantes y apreciadas por sus dueños. Si es tan importante para la persona común, puedes imaginar cómo será para la persona sensible. Muchos animales proporcionan las señales emocionales a las que una persona sensible está acostumbrada, como amor, aceptación y apoyo. Y lo mejor de todo es que no tienen los problemas de tratar de explicarse. Aquí es donde las mascotas se vuelven importantes para ellos.

Con una persona común que podría ser o no sensible, es probable que tenga problemas basados en los rasgos de su personalidad (vea los capítulos anteriores). Pero como un perro no habla, puede moverse libremente y no preocuparse por sus acciones. Las PAS saben que los animales pueden ser fáciles de entender e incluso emocionalmente estables en comparación con los humanos. Por lo tanto, cuando pierden una mascota, su mundo se detiene por un período de tiempo hasta que gradualmente se recuperan y siguen adelante.

Los niños altamente sensibles sufren mucho dolor cuando pierden a sus mascotas. En un mundo en el que ser sensible puede hacerte parecer la persona más rara del mundo, los niños sensibles buscan consuelo en estas mascotas. Entonces, cuando una mascota muere, se deprimen y pueden sufrir un colapso emocional grave. Tener una mascota es terapéutico para la mayoría de las PAS.

¿Cómo pueden las personas altamente sensibles lidiar con la pérdida de mascotas?

Perder una mascota es un gran estrés. Dado que son pensadores profundos, procesan las cosas de manera diferente y, con mayor frecuencia, les resulta difícil superar a un ser querido o una mascota amada. Sienten estas pérdidas un poco más profundamente que cualquier otra persona.

Y si bien para ellos es un gran problema, todavía hay formas en que pueden hacer frente a la pérdida de sus mascotas.

1. Sienta la pérdida

Cuando pierde una mascota, siente que el mundo se le cae a pedazos. Entonces puede permanecer un tiempo entre los escombros. Es natural sentirse abrumado por sus sentimientos, y debe permitirse dejar salir sus emociones.

El duelo ocurre de manera diferente en diferentes personas y también ocurre en etapas. Muchos también experimentan el dolor en diferentes etapas y podrían volverse hipersensibles. Ser hipersensible no es exactamente algo que deba asociarse con las PAS, ya que incluso sin perder una mascota, se enfrentan a varios desafíos diarios. Cuando llegue el momento del duelo, lo mejor que puede hacer es no apresurarse ni forzarlo, ya que eso podría traerle otro ataque de problemas emocionales.

No se esfuerce en soltar. Es posible que no esté listo para seguir adelante, al igual que después de una relación fallida. No avanza rápidamente hacia otro o niega que está herido después de que el que pensaba que era su alma gemela lo engaña y lo deja. Llora, siente la pérdida, y en eso podría surgir la fuerza para seguir adelante luego de perder a su mascota.

2. Deje que las personas lo ayuden con su dolor

Ya se sabe que se aíslan, incluso cuando están en duelo. Parece incómodo decirlo, pero una persona sensible no puede manejar el dolor por sí sola. Esta es la parte en la que debe comunicarse con un familiar cercano o un amigo. Es natural sentir que nadie querrá asumir el rol de asociarse con usted debido a su rasgo de personalidad, pero se sorprenderá al descubrir que *existen* personas queriendo ayudarlo en su momento de necesidad.

Usted es quien debe abrir la puerta. Acepte amablemente cuando su familia y amigos se ofrezcan a ayudar. Está bien creer que puede curarse por sí mismo con el tiempo, pero puede subestimar el impacto positivo del duelo con sus seres queridos.

Es como si tuviera un hombro en el que apoyarse, un compañero con quien compartir la tristeza. Su mascota no puede volver con usted, pero el viaje que tiene por delante requiere su atención y compromiso. Los seres queridos son mejores para ayudarlo a comprender los beneficios de seguir adelante; puede ser difícil convencerse de una vida mejor sin su mascota.

3. Participar en diferentes actividades

Siempre se ha prescrito participar de varias actividades saludables frente al dolor. Esta es una gran técnica para cambiar el enfoque del dolor de perder una mascota o alguien querido. Hay varias actividades que puede realizar para distraer su mente, aunque sea temporalmente, de su estado de ánimo actual. Puede pasar el rato con sus amigos y familiares, o incluso mantener discusiones grupales con personas que también pueden haber perdido a sus mascotas y que han pasado por lo que usted está enfrentando. También puede escribir sobre sus sentimientos. Una buena forma de escapar del dolor es documentar sus pensamientos en un poema, prosa o ensayo. Esto es algo que puede hacer durante su tiempo a solas.

También puede honrar a su mascota haciendo una donación a cualquier organización benéfica para animales. Esa es una gran manera de sentirse aliviado del dolor, sabiendo que ha contribuido mucho al honor de su querida mascota. Es humano sentirse reconfortado por este acto y prácticamente demuestra cuánto amaba a la mascota perdida.

4. Busque ayuda

Los escenarios discutidos anteriormente pueden representar las experiencias básicas de perder una mascota. Para las PAS, perder una mascota puede ser demasiado difícil de soportar. Podría ser necesario mucho más que un simple consuelo para superar este dolor y, si no se tiene cuidado, podrían ocurrir graves complicaciones psicológicas. Ser sensible puede significar que podría ser demasiado difícil abrirse a sus seres queridos. En este punto, debe buscar atención antes de que las cosas se compliquen más.

Es importante comprender que, en esta situación, usted es su propio salvador. La simulación no ayudará, ni tampoco cerrar la puerta a los seres queridos. Tiene la clave para mejorar y buscar ayuda es una parte importante del proceso.

Como PAS, está bien no molestar o hacer que otros se sientan incómodos con sus demandas o necesidades. Una parte de usted le dice que aguante y que mejore usted mismo, y que no deje que nadie se entere de lo que está sintiendo, pero es posible que no encuentre la plenitud para sanar y lograr continuar solo. Este aspecto de recuperación es donde la familia y los amigos pueden hacer contribuciones notables y ayudarlo a recuperarse.

Comuníquese con amigos y familiares a su alrededor cuando se sienta extremadamente abrumado y tenga la sensación de que el impacto de la pérdida de su mascota o cualquier otra desgracia incontrolable se está volviendo alarmante. Por mucho que esté acostumbrado a encontrar una solución perfecta dentro de sí mismo, aprenda a llamar a familiares o amigos de confianza cada vez que sienta un sentimiento de tristeza inusualmente abrumador.

Capítulo 9: Recompensas de la naturaleza para las PAS

Al ser una Persona Altamente Sensible, ¿qué es lo que la *naturaleza* tiene reservado para usted? Puede parecer una especie de *compensación*. También puede parecer la influencia que tiene como persona altamente sensible. Si bien se ve en ambas perspectivas, debería inclinarse más hacia la última. Como PAS, sus sentimientos a veces pueden volverse abrumadores y hacen que obtenga respuestas y reacciones mucho más rápido que aquellos que no lo son. Existe una mayor capacidad para responder a los estímulos. La información se interpreta de manera diferente, a un ritmo diferente y con una reacción diferente que las personas que no son PAS. También hay una gran inclinación hacia la naturaleza y las cosas que traen paz, serenidad y ese estado de ánimo en el que usted, como persona hipersensible, suele disfrutar más (fuera del constante torbellino de su mente).

La naturaleza es una gran fuente de serenidad, y la serenidad es una gran cosa que las PAS necesitan ocasionalmente. Considere el escenario de una mujer hipersensible: la actividad constante de su ágil sistema nervioso y su mente siempre en movimiento toman información y la transforma en diferentes cajas. Ella examinará las cosas en su mente. El fuerte estruendo del ventilador la irritará repentinamente mientras el sonido lento, pero constante y rítmico, de las gotas del fregadero atraviesan su mente. El conflicto de pensamientos y emociones sumado a la cacofonía de estos estímulos, combinado con el pensamiento repentino de no lavar una prenda que había planeado lavar la semana pasada más el pensamiento de la interpretación incompleta de una página de una novela que leyó anoche ... es demasiada información para que cualquier ser humano la procese de una vez. Es un enorme peso aterrizando en el cerebro. Puede visualizar cuán conflictivo debe ser eso. En ese caso, dar un paseo al aire libre y disfrutar de la brisa de la tarde, por ejemplo, o ir a un bosque puede ayudarlo a aliviar toda la tensión acumulada. Habiendo experimentado tal situación, debe haber elegido en un momento, o en otro, dar un paseo al aire libre para tomar aire fresco y simplemente calmar su mente. Quizás no sabía cuánto lo podría ayudar salir al aire libre, pero se sintió atraído por la naturaleza. Ahora, comprende su relación con la naturaleza y cómo la naturaleza es un gran regalo para usted. Esta es una forma de que estas personas se sientan en control cuando los pensamientos se vuelven demasiado pesados para ellos.

Existe un impulso abrumador por interpretar y comprender los problemas más intensamente que otros, por observar y asimilar los detalles y conectarse en un nivel mucho más profundo e íntimo. Esto apunta sin duda a que tienen una conexión profunda e íntima con las personas y las cosas con las que entran en contacto y más aún con la naturaleza porque tiene un aura natural y tranquila. La naturaleza los recompensa con serenidad, un cálido abrazo y alivio del estrés y la ansiedad, y es un deleite para el sistema nervioso y los sentidos.

Cuando vislumbró el título de este capítulo, ¿también pensó en la naturaleza recompensando a las PAS dándoles ciertas ventajas sobre las no PAS? Todo está vinculado y conectado. La naturaleza no solo los recompensa dándoles el beneficio de un agradable paseo al aire libre; también se han beneficiado de las manos generosas de la naturaleza porque ella les ha regalado la capacidad de utilizar sus sentidos de manera positiva.

Además, pueden percibir la naturaleza, conectarse con ella y crear positividad a partir de lo que ofrece. Aquellos con una naturaleza altamente sensible han contado innumerables veces cómo amaban (cuando eran niños) y aún aman (como adultos) estar cerca de la naturaleza y disfrutar de los elementos naturales y lo increíble que les hace sentir. Es la forma en que están conectados. Si usted o cualquier PAS que conozca no ha descubierto las maravillas que abundan en la naturaleza, espero que pueda verlo ahora y consiga esa conexión, esa paz y esa calma.

¿Qué son las recompensas de la naturaleza?

1. La naturaleza es un estímulo y ayuda a calmar el sistema nervioso: Como persona altamente sensible, existe una necesidad constante de calmar los nervios, alejarse de los factores desencadenantes y experimentar paz sin dejar de tener aventuras durante ese viaje pacífico. ¿Qué crees que puede dar esa sensación? Solo la naturaleza lo hace. Se ha demostrado que los entornos verdes levantan el estado de ánimo de las personas y las alejan del caos, los conflictos y las situaciones inquietantes. Provoca mucha calma y diferentes dosis y matices de la belleza de la naturaleza. Naturalmente, hay entornos que mejoran su estado de ánimo, entornos con formas y colores emocionantes. El énfasis se extiende con ellos. Por lo tanto, la naturaleza trae una sensación emocionante con un tipo particular de paz sumada a la experiencia.

2. Enciende la creatividad (arte, escritura o pintura): Su naturaleza sensible crea una estructura tal que impulsa la creatividad en todas sus formas, principalmente como un medio de expresión y como una salida para dejar salir las emociones abrumadoras. ¡Qué gran ventaja! Para completar la ecuación, aparece la naturaleza y lo hace todo más efectivo. Los elementos de la naturaleza (los árboles, las hojas, la lluvia, la vegetación, la brisa, los animales) y cada parte de la naturaleza son inspiradores. Se ha demostrado que estar en un entorno natural es muy inspirador. Debido a su conexión con su entorno, es normal que sienta la necesidad de crear, inventar y hacer algo con lo que tienen frente a ellos. Ver la magnitud de la naturaleza a nuestro alrededor puede inspirar y encender el deseo de expresar (a través de dibujos, pinturas, escritos o ilustraciones) la belleza de la naturaleza, lo que significa para el individuo y lo que representa. La naturaleza los inspira a imaginar, crear y producir obras asombrosas y sorprendentes. Los lleva a un sentido más profundo e íntimo de conectividad y razonamiento que da como resultado la creación de resultados artísticos. La naturaleza, a su vez, enciende la creatividad durante un desbordamiento de emociones. La naturaleza se erige como una salida para darles la bienvenida, abrazarlos y animarlos a expresarse a través de la creatividad, no necesariamente observando este momento, sino simplemente estando en ese entorno natural de calma, paz y belleza lejos del caos.

3. Actúa como un alivio del estrés: El aura de un entorno natural emite automáticamente una sensación de alivio o una sensación relajante. La naturaleza puede aliviar un día difícil en el trabajo: una sucesión de eventos caóticos, una agenda ocupada, una fecha límite difícil, una serie de tareas, todo el ruido en su camino de regreso del trabajo, llamadas difíciles y el caos constante que acompaña a la vida diaria. El lugar ideal para relajarse y aliviar el estrés siempre se encontrará en la naturaleza. Estar en un entorno natural, estar cerca de la naturaleza y ver la naturaleza reduce el estrés, la ansiedad, la ira y el miedo reprimidos.

Los expertos en salud han confirmado que las personas se familiarizan más con el entorno natural, especialmente en momentos de angustia, miedo, ira o dolor. Se ha demostrado que estar en la naturaleza reduce la presión arterial, reduce los niveles de estrés e incluso regula la frecuencia cardíaca. La naturaleza nos ayuda a lidiar con el dolor y la tristeza porque, como seres humanos, somos propensos a quedar absorbidos por el entorno natural y encontrar una distracción en él mientras nos atrae hacia su simplicidad. ¿No es hermoso cómo estamos conectados naturalmente para estar absortos en la naturaleza y, por supuesto, cómo la naturaleza elige recompensarnos (especialmente a las PAS)?

4. Alarma: Ser sensible significa que puede notar, ver, observar y sospechar. Este tema no entra necesariamente en la naturaleza como entidad, pero la naturaleza se utiliza para aclarar la mente. Ver cómo estamos naturalmente hechos para ser sensibles puede ser una ventaja. Debido a la reacción aguda, profunda y rápida a los estímulos internos y externos, las PAS perciben fácilmente que algo va mal. (tanto dentro como fuera). Lo sienten incluso antes que nadie y, por lo tanto, pueden escapar de situaciones de riesgo, informarse a sí mismos y a otras personas del peligro que se avecina y actuar rápidamente. Ser muy sensible debe ser un regalo de la naturaleza al elemento humano de la intuición. ¿No le parece?

Consejos para disfrutar aún más de las recompensas de la naturaleza como PAS

1. Sumérjase en el abrazo de la naturaleza: Para aprovechar al máximo su "recorrido por la naturaleza" debe utilizar activamente su sensibilidad. Sienta que está presente en el momento y haga un esfuerzo deliberado para aprovecharlo eso al máximo. Es su naturaleza disfrutar del paisaje y todo lo que viene con él, pero es más beneficioso para usted cuando elige estar presente en el momento. Inhale y exhale profundamente, observe los detalles y disfrute del paisaje. Observe cómo las gotas de lluvia caen a la tierra, cómo los animales protegen a sus seres queridos, cómo comen, cómo se ven y cómo sale o se pone el sol. Las nubes dibujadas en el cielo son dignas de mención, ya que están cambiando constantemente. Observa cómo la brisa sopla tu cabello

y calma tu mente. Los árboles se mueven al ritmo del viento. Simplemente observe los detalles, como lo haría normalmente, tratando de no pensar demasiado o procesar o incluso calcular demasiado para no arruinar el momento. La naturaleza cura, así que déjela curar. La naturaleza calma, permita que lo calme.

2. Recuerde el objetivo principal: Su objetivo es la calma, la paz y la serenidad. La naturaleza lo ayuda a deshacerse de la ansiedad, el dolor, el miedo, la ira y lo ayuda a ganar paz y serenidad. Para obtener lo mejor de la naturaleza, debe concentrarse en por qué está ahí en primer lugar, especialmente cuando su mente comienza a divagar. Necesita hacer un esfuerzo consciente y subconsciente que le ayude a sentirse presente en el momento, lejos de la infinidad de pensamientos y complejidades que afectan su vida. Se supone que tomar sol en la naturaleza ayuda a distraerse de sus dolores, preocupaciones, miedos, ansiedades y lo ayuda a calmarse. Para ayudarlo a disfrutar del paisaje, esté en el momento y use sus sentidos para sentir la bienvenida del entorno. No permita que los pensamientos desagradables se interpongan en su camino (solo cuando necesite pensar las cosas de manera racional y necesite el abrazo de la naturaleza para ayudarle mientras lo hace). Para disfrutar mejor de los beneficios de la naturaleza, tenga la intención de disfrutarla.

Baños de bosque para PAS

El baño de bosque es un arte japonés considerado como una terapia natural. Se llama "shinrin yoku" y significa "bañarse en el bosque". El arte implica absorber la atmósfera del bosque con los sentidos o sumergirse en la atmósfera del bosque. Muchos científicos han investigado más a fondo los beneficios que abundan en la naturaleza y, específicamente, en los baños de bosque. Se ha encontrado que la conexión con la naturaleza, particularmente los elementos del bosque (en este caso), cierra la brecha entre el hombre y la naturaleza, causada principalmente por estar en interiores y apegados a herramientas tecnológicas. Un baño de bosque le ayudará a desconectarse de los entornos tóxicos, el apego tecnológico y las complejidades de su vida diaria. Lo conectará con las complejidades de la naturaleza y le permitirá usar todos sus sentidos (vista, oído, gusto, tacto y olfato) para relacionarse y conectarse con la naturaleza y, a su vez, obtener una sensación de relajación. Como persona hipersensible, usted podrá disfrutarlo mucho más.

Un estudio de la Agencia de Protección Ambiental reveló que el estadounidense promedio pasa el 93 % de su tiempo en interiores. Esto se debe a que las personas están inevitablemente expuestas a dispositivos tecnológicos (televisión, teléfonos móviles, tabletas, MacBook, computadoras portátiles y otros dispositivos electrónicos), lo que ha privado drásticamente a muchas personas del acceso a la naturaleza y sus beneficios. También se ha descubierto que para compensar esta pérdida de los dones de la naturaleza; no es necesario dedicarle una enorme cantidad de tiempo. Por ejemplo, para bañarse en el bosque, un promedio de dos horas es tiempo suficiente para obtener el efecto necesario. Los baños de bosque ofrecen muchísimos beneficios. Para obtener lo mejor de este regalo, todo lo que debe hacer es utilizar todos sus sentidos. Aspire la atmósfera, huela el aire, pruebe la atmósfera, toque los árboles, sienta la aspereza de la corteza, escuche el canto de los pájaros, observe cómo las hojas le saludan, deje sus dispositivos tecnológicos en casa y deje que su mente y su cuerpo hagan el trabajo. Deambule, respire, sienta, toque, huela y vea cuánto ha saboreado la serenidad y la belleza de la naturaleza. Después del primer intento, siempre querrá volver por más.

Capítulo 10: Consejos de autocuidado para las PAS

Se les han dado muchos sinónimos (algunos correctos, otros incorrectos, algunos aplicables y otros no tanto). Entre los sinónimos que se les atribuyen se encuentra sensibilidad de procesamiento sensorial, hipersensibilidad, introversión, timidez o alta sensibilidad, etc. Es importante señalar que la introversión y la timidez comparten características comunes, pero son diferentes. Habiendo notado esto y comprendido las características de una persona hipersensible, ¿cuáles son los consejos de cuidado personal que necesita para prosperar y aprovechar al máximo sus sensibilidades? Siga leyendo para obtener más información.

1. Establezca límites seguros: Como persona sensible, debe darse cuenta de que existen límites que debe crear y sostener para mantenerse sano, cuerdo y poder prosperar. Forzarse a entablar relaciones puede ser un gran riesgo para la salud. ¿De qué manera lo hace? Dejar entrar a demasiadas personas en su vida puede no ser el problema, pero dejar entrar a demasiadas personas innecesarias en su vida, como persona hipersensible, es un gran problema. Siente emociones mucho más profundas que las personas que no PAS y permitir que demasiadas personas que no entienden o ni siquiera les importa entender cómo usted se siente lo hará sufrir demasiado. Establecer amistades con personas que no se preocupan por usted crea riesgos de ser traicionado y herido. Forzar las relaciones puede incluir el pasar tiempo con alguien que no se preocupa por usted, que no lo entiende o que incluso quiere estar contigo, exponiéndolo a un dolor innecesario. Podría hacerlo sentir que ser sensible es algo negativo que hace que sus relaciones fracasen. Cuídese y dese espacio para prosperar, la oportunidad de crecer espiritualmente y ser feliz; esto se lleva a cabo, en parte, estableciendo límites seguros y no dejando entrar a cualquiera.

2. Sea sincero sobre cómo se siente: Cuando se deshaga de los elementos y personas innecesarios a su alrededor, sentirá ese soplo de aire fresco, de librarse de personas y/o situaciones tóxicas. Cuando se sienta así, podrá invertir en relaciones que signifiquen mucho para usted y los demás. Las relaciones saludables son muy importantes porque lo ayudan a crecer, lo levanta y lo ayuda a compartir sus cargas, a encontrar apoyo, consuelo, aliento e incluso validación. Cuando pueda diferenciar las relaciones valiosas de las que no lo son, aprenderá a ser más abierto en sus relaciones. Esto significa ser abierto sobre lo que siente, sobre lo que no le gusta, sobre lo que ama y lo que quiere. Puede generar confianza en sí mismo y hacer frente a cargas menos innecesarias. Ser abierto sobre lo que siente fortalece sus relaciones y evita que las personas se aprovechen de usted.

3. Aprenda a decir no: Para prosperar, debe aprender a decir "no" a las personas y situaciones que amenazan su paz, felicidad, salud y autoestima. La persona hipersensible tiene una probabilidad muy alta de sentirse exhausta, frustrada, molesta, triste o estresada después de una serie de tareas o situaciones agotadoras, manifestándose física, emocional o mentalmente. Usted lo sabe bien. Entonces, cuando surjan situaciones que comprometan su paz mental, felicidad, descanso, salud mental, salud física, emociones o reglas, siempre examine si vale la pena. Es comprensible que se preocupe, sentirse culpable por no poder ayudar o decir que sí, pero "no" es una decisión aceptable, y debe aprender a tomarla con confianza y sintiéndose cómodo.

Por ejemplo, tiene un día reservado con tareas que debe atender. Al final del día caluroso y agotador, se dirige a casa para descansar y sentirse mejor. Un colega en el trabajo se acerca a usted en busca de su ayuda con una tarea en particular. Sabe que le da vueltas la cabeza y que se siente agotado. Mientras tanto, la tarea puede esperar. También sabe que podría ayudar con eso incluso si no fuera en ese momento exacto, pero debido al miedo a decir "no" ayuda con la tarea y acaba más agotado.

Tal vez necesite estudiar para un examen que se realizará al día siguiente. Mientras estudia, su amigo viene y lo invita a una fiesta que se realizará esa noche. Primero, sabe que debe estudiar para su examen, y segundo, sabe que las fiestas lo estresan. Él sabía que usted debía asistir al examen al día siguiente y necesitaba estudiar. En segundo lugar, ya sabe que ir a fiestas le resulta estresante, pero su amigo insiste en que vaya a la fiesta. ¿Qué hace?

Es difícil para usted rechazar la invitación de su amigo, incluso si el próximo examen es una buena razón para no asistir. Necesita aprender a priorizar y ser disciplinado. Trate de comprender que no siempre se puede complacer a todos. El problema con esto es que también se faltará el respeto a usted mismo muchas veces. Entonces, para prosperar, debe aprender a decir que no.

4. Relájese: Es una obviedad mencionar en este punto que el descanso es muy importante, pero es necesario siempre hacer énfasis. Relajarse es una parte importante del cuidado personal. Lo ayuda a liberar la tensión reprimida, lo ayuda a recargar las baterías y lo ayuda a sentirse bien y a ver la vida con otros ojos. Hoy, mañana, siempre... necesita aprender a RELAJARSE.

5. Pase tiempo con sus seres queridos: Se ha demostrado científicamente que pasar tiempo con las personas que ama mejora su estado de ánimo, mejora la salud mental, lo ayuda a eliminar la soledad y mejora su autoestima. También le brinda una mejor perspectiva de la vida en general. Es una parte esencial del cuidado personal intentar en la mayor medida posible estar cerca de personas que mejoren su estado de ánimo y lo hagan feliz. Estas son personas con las que tiene una conexión y un vínculo instantáneos, con quienes la pasa bien y, por supuesto, personas que lo hacen sentir amado, apreciado y valorado.

6. Paseos en la naturaleza: Tal como se explicó en el capítulo anterior, la naturaleza es una actividad muy buena para mejorar el estado de ánimo y preservar la salud. Salga a caminar, disfrute de la brisa, sumérjase en el bosque, escuche a los insectos y pájaros, vaya a la playa, pase el rato en el parque (si se siente cómodo). Salga al aire libre y deje que el sol le sonría. Los paseos en la naturaleza no se limitan únicamente al día; la naturaleza también proporciona regalos por la noche. Las estrellas centelleantes brindan a los observadores de nocturnos beneficios como reducir los niveles de presión arterial, los niveles de estrés y ayudar a eliminar la ira, la ansiedad o el dolor. ¿No es mágico sentarse de noche y simplemente ver las estrellas brillar? Centrarse deliberadamente en sintonizar con la naturaleza nocturna es una gran idea de relajación.

7. Encuentre una conexión: Necesita estar con personas que sean compatibles con usted. Cargar con personas que no lo "entienden" y no pueden identificarse con sus sentimientos ni siquiera debería ser una opción. Deje que los tóxicos se vayan y siga adelante para estar con personas divertidas y comprensivas que lo ayuden a prosperar. De esta manera, no tendrá que preocuparse tanto por lo que deja escapar (ira, cansancio, tristeza, frustración, complejo de inferioridad). Relacionarse con personas que se preocupan por usted impulsa un crecimiento saludable y lo ayuda a sobrellevar mejor la situación porque estas personas comprenden sus necesidades, deseos, emociones, lo que debe y lo que no debe hacer. ¡No invierta en personas tóxicas, inútiles y negativas!

8. Abrace las pequeñas cosas: A menudo ignoramos las pequeñas cosas del día a día. Esas pequeñas cosas se acumulan para convertirse en las más importantes de su vida. Reforzando un punto anterior sobre la relajación, cree un tiempo establecido a solas para recargar (ya que esto le ayuda a funcionar mejor y sentirse renovado). Hacer pasatiempos, sumergirse en momentos hermosos, tomarse un tiempo para divertirse, salir con amigos y familiares y hacer lo que amas es bueno para usted. Estar con personas que se preocupan por usted, fortalecer los lazos y cambiar el aspecto de su hogar o habitación para que sea más emocionante, o incluso más relajante, puede ayudar. Dormir lo suficiente y hacer ejercicio son pequeñas actividades para las que solo necesita encontrar tiempo. Son una gran parte del cuidado personal, aceptarse y abrazarse deliberadamente a sí mismo, los sentimientos, los defectos, las victorias y las pérdidas, y reconocer cómo lo han hecho crecer. Reflexionar deliberadamente y mostrar gratitud por el crecimiento contribuye en gran medida a que usted prospere e incluso comience a hacerlo mejor.

9. Permita la vulnerabilidad: Reconocer que usted es sensible lo ayudará a lidiar mejor con la sensibilidad y podrá aprovecharla mejor. Permitir las vulnerabilidades implica que no está tratando de ocultar o negar su sensibilidad. Más bien, la está abrazando. Se ha descubierto que las personas que se abren sobre sus sentimientos e incluso sus deficiencias tienden a ser capaces de manejar la vida mejor que aquellas que no lo hacen. Permitir su vulnerabilidad significa darse a sí mismo una voz, hablar, demostrar que es un ser humano. Le da la oportunidad de descubrir nuevas experiencias, cosas nuevas sobre usted mismo que ha estado escondiendo o negando. Permita que su pareja o amigos con los que habla lo entiendan mejor y lo ayuden a atravesar tiempos difíciles. Es más saludable reconocerse a sí mismo y todo lo que viene con usted (fortalezas y debilidades) porque le ayuda a superar las fases de oscuridad, cansancio, debilidad e incluso dolor. Es parte de los consejos para un óptimo cuidado personal. Habiendo hecho hincapié en ser vulnerable, ¿con quién y con quién debería abrirse? Se trata de una cuestión importante. Preste atención.

10. Cultive relaciones estables y genuinas: Podría ser mera compañía, relación o amistad platónica. Puede ser lo que usted quiera, pero lo más importante es que debe ser genuino: las amistades deben ser con personas que pueden comprender su sensibilidad y ayudarlo a trabajar con ella. Usted lo sabe bien. Ya conoce a aquellos que están genuinamente conectados con usted y se preocupan sinceramente. Pueden ser sus padres, su mejor amigo, su pareja romántica, su compañero, su hermano o un familiar. Es importante tener a alguien que lo respete y que no lo haga sentir mal por sentirse como se siente.

11. Encuentre un tiempo tranquilo a solas: Es importante tomarse un tiempo para disfrutar a solas. Alguien con sensibilidad tiene un procesamiento sensorial y un sistema nervioso hiperactivo y necesita tiempo a solas para examinarse y conversar consigo mismo. Es necesario crear tiempo para calmar los nervios, reflexionar y procesar las cosas con cuidado. Necesita tiempo para ver su entorno, pensar en sus experiencias y crear cosas increíbles mientras ocupa su propio espacio. Este tiempo a solas ininterrumpido le da a su mente tiempo para llenarse de ideas brillantes, pensamientos e innovaciones para crear soluciones alucinantes.

Otra ventaja de pasar tiempo solo es que se entenderá mejor a usted mismo, lo que lo llevará a tomar decisiones más racionales y lo ayudará a prevenir el agotamiento porque se está dando tiempo para respirar antes del desgaste total. También lo ayuda a descubrir su propia voz y a utilizarla de forma más activa. Es una excelente manera de ejercitar el cuidado personal.

12. Canalice su energía y emociones en actividades creativas: Su naturaleza sensible puede hacer que sus sentimientos parezcan abrumadores. ¿Ha pensado alguna vez en hacer un mejor uso de estos sentimientos abrumadores? Puede obtener una suma de sus sentimientos, pensamientos, imaginaciones, experiencias y expresarlos de la forma que desee para sacarlos de su sistema. Podría ser vocalmente, podría ser a través del arte, la escritura, la pintura o el dibujo. Hacer algo que valga la pena con su tiempo le hará sentir una sensación de validación y logro y mejorará su autoestima. Su capacidad para sentir activamente las cosas/personas que lo rodean (en comparación con las personas que no son PAS) es un privilegio y una ventaja que no debe tratarse a la ligera. Sea creativo, póngase en marcha.

13. Comida: Consuma comidas nutritivas y beba mucha agua. No se debe olvidar la importancia de una buena alimentación. Alimentar bien su cuerpo es vital para una buena salud y fuerza, y el agua es beneficiosa para mantenerse hidratado. La persona hipersensible necesita esto mucho más que los demás. La reacción acelerada y de mayor frecuencia a los estímulos los hace enojar, irritar o agotar cuando tienen hambre o se deshidratan. Tenga esto en cuenta y cuídese bien para no perjudicar su humor.

15. Sepa qué funciona para usted y qué no: Hacer una autoevaluación seria para saber qué funciona para usted y qué no es fundamental para vivir una vida feliz, más aún para una PAS. Habrá situaciones y personas que hayas visto y gustado, y situaciones/personas que encuentres inaceptables. Examínese para descubrir cómo le hacen sentir las fiestas. ¿Qué efecto tiene sobre usted el ruido o la música fuerte? ¿Qué significa socializar para usted? Examinar de cerca sus gustos y disgustos le ofrece la opción de ponderar las opciones con cuidado *antes* de meterse en situaciones que lo dejarán irritable o infeliz. Sabrá cuánto trabajo puede hacer a la vez, si puede soportar la música fuerte o no, y si está bien compartiendo experiencias con cierta persona. También sabe si está de acuerdo con los arreglos improvisados y cómo reacciona a la bebida (¡y a los borrachos!). Comprender los entornos en los que usted prospera o no es clave para reconocer a las personas y los entornos que amenazan su tranquilidad. En particular, estas personas o cosas no tienen por qué ser necesariamente malas, es posible que simplemente no estén a la par con su energía. Mantenga su espacio libre de cualquier toxicidad personal.

Las PAS está bendecidas, hay abundantes consejos para ayudarlo a prosperar y ayudarlo a cuidarse, haciendo un gran uso de su sensibilidad. Tres formas principales de descargar su estrés son:

- A través de la naturaleza (caminar, nadar, inmersión en el bosque, observar las estrellas)

- A través de la expresión de la creatividad

- Haciendo catarsis (vulnerabilidad)

Recuerde siempre que tiene el control de su vida y que es una buena idea mantenerse alejado de los factores desencadenantes que pueden sobrecargarlo. Si enumera estas cosas que lo ponen a toda marcha, puede usar esa lista para decidir qué es y qué no es aceptable en su vida, y esto hace que su vida sea mucho más fácil de manejar.

Capítulo 11: Aprovechar el poder oculto de las PAS

Usted es una especie de superhéroe. No es como Superman, bien visto y trabajando al aire libre, sino más como Batman, que trabaja en la oscuridad, pero es muy efectivo. Sus sentidos, como un imán, se sienten atraídos hacia los detalles. Son más sensibles a los acontecimientos que les rodean y sienten mucho más profundamente que las personas que no son PAS. Esto puede ser una desventaja si no se utiliza adecuadamente, pero una gran ventaja si se canaliza de la manera correcta. Una apreciación adecuada, seguida del uso adecuado de los poderes de este rasgo, es muy eficaz en diferentes situaciones, desde el entorno laboral y la escuela, hasta el bienestar general, ya que se ha enfatizado que el rasgo de la personalidad es una gran influencia.

Uno de los rasgos de personalidad de la PAS es la capacidad de prestar gran atención a los detalles. Esta capacidad, que muchas personas pueden llamar trastorno obsesivo-compulsivo, se puede aprovechar para hacer cosas asombrosas con usted mismo, con sus momentos, imaginaciones, experiencias y con quienes lo rodean. La creatividad se enciende e inspira más en las personas hipersensibles que en las que no lo son. Invariablemente, esto da como resultado una explosión de talentos entretejidos en obras asombrosas (la mayoría de las veces, en el campo del arte). Un talento tan grande aprovechado adecuadamente puede hacer que uno sea bueno para pintar, dibujar, escribir (con énfasis en la escritura creativa), tallar y otros tipos de obras de arte. La hipersensibilidad es poder y es difícil aprovecharla la mayor parte del tiempo. La sensibilidad lo hará sentirse desnudo, real y abierto, y querrá resistir su realidad sensible porque probablemente lo haga sentir débil. No se resista, aproveche y cree las cosas más alucinantes utilizando su poder. ¿Qué poder?

Una característica importante que se nota fácilmente en las PAS es la tendencia a disfrutar de la soledad. Hay poder en unirse para lograr algo. Aun así, cuando se trata de una lluvia de ideas y planificación personal, especialmente cuando se crea algo artístico o creativo, la soledad conlleva mucho poder. Hay algo en esa tendencia que tiene una serie de ventajas. A continuación, se muestran los poderes ocultos de la persona altamente sensible.

1. Evite las distracciones inducidas por la socialización: Un poder importante que tiene es que prefiere estar solo la mayor parte del tiempo para pensar, observar, resolver y hacer las cosas. Esto ayuda a ahorrar tiempo y a mantener la energía positiva de sentirse cómodo. También es más probable que aprecie la madre naturaleza y el valor estético de las cosas. También descubrirá que suele ser más amable con la naturaleza y la trata de mejor manera. Puede maximizar el tiempo para usted, para el cuidado personal y para otras tareas que debe realizar. Muchas personas en las relaciones nunca han experimentado el poder de estar solos. Al final de una relación, se sienten incompletos. Cuando conoce el poder de ser usted mismo, eso le da fuerza personal y un gran sentido de confianza.

2. Piense profundamente y analice críticamente personas y situaciones: La hipersensibilidad le permite ver y asimilar detalles y utilizar adecuadamente esta información. Este rasgo de personalidad también le permite observar a las personas y analizar situaciones mediante la eliminación de estímulos externos no deseados. Esto lo convierte en un pensador más profundo con un mejor ojo para los detalles que la persona promedio. Es probable que detecte dentro de una habitación a la persona con el zapato extraño o a la persona que está triste, pero lo camufla con una sonrisa. También es más probable que detecte a personas que no son genuinas en las relaciones que lo rodean, pero tu espíritu empático podría tener dificultades para deshacerse de las personas así. Ser sensible es un poder enorme, y cuando se usa correctamente, funciona para un bien mayor.

3. Excelente en el trabajo en equipo: Cuando usted se cuida bien, se valida e invierte tiempo y energía en cosas que importan, puede desarrollar el amor propio. Este amor propio favorece el desarrollo y el crecimiento personal, lo que hace que las metas personales sean alcanzables y ayuda a maximizar los talentos y las habilidades. Irónicamente, dado que se asocian principalmente con la soledad, podría pensarse que no les irá bien como parte de un equipo. La realidad: Es mucho más probable que les vaya mejor en un equipo que aquellos que no son PAS. Mírelo de esta manera. Son más sensibles. Pueden hacer las cosas de forma más rápida y completa y proponer ideas y creaciones inteligentes a partir de su imaginación, observaciones y una rápida atracción por los detalles. Entienden a los miembros del equipo y les dan oportunidades de prosperar debido a su naturaleza altamente empática, sensible y comprensiva. Es probable que le vaya bien como miembro del equipo, especialmente en un campo que implica medir los sentimientos de los demás, como en organizaciones de caridad y equipo humanitario, pero tomar una decisión o un papel de alta presión podría plantear un problema.

4. Creatividad: Su imaginación y creatividad tienen cierta chispa. La sensibilidad lo enciende con una pasión por la creación, especialmente cuando está en un entorno de inspiración. Sentir cosas y emociones incluso cuando otros no pueden es una gran ventaja para usted y canalizarlas en la dirección adecuada es lo que las hace poderosas. Desde lo tangible e intangible, se puede visualizar y luego crear.

5. Crea relaciones profundas: Esto se debe a la naturaleza hipersensible de sus emociones y a la reacción a los estímulos. Puede comprender a los demás incluso antes de que le expliquen lo que está sucediendo. Hay un comportamiento empático enorme arraigado en su rasgo de personalidad y ponerlo en buen uso puede ayudarle a construir vínculos y relaciones fuertes y poderosas. Se puede comparar a tener una lente para ver a través de las personas. ¡Qué gran poder! Usted es muy empático y sensible con las personas y el medio ambiente. Es un amante, amigo y colega más considerado y puede identificar y compartir la miseria de los demás, ya que puede imaginar lo que se siente estar en su lugar. Esto lo convierte en una personalidad más confiable y amable en general.

6. Adaptación: Hace siglos, todos los perros eran salvajes. Luego vino el hombre y los domó. Los sacaron de la naturaleza y los llevaron a un nuevo entorno. Los perros pudieron ver el entorno del hombre y luego se adaptaron gradualmente. La adaptabilidad es una característica esencial no solo de los animales, sino de todos los seres vivos. Esta cualidad es más potente, ya que es más probable que se tome el tiempo para ver e interiorizar el entorno. Es un maestro adaptador, una habilidad muy útil aplicable en todas las facetas de la vida, observando y adaptándose rápidamente.

7. Muy empático y solidario: ¿No es una superpotencia la capacidad de sentir tan profunda e intensamente lo que siente usted y los que lo rodean? Es algo que hace que su mente sea única y se preocupe y comprenda la naturaleza. Ser empático lo ayuda a construir relaciones sólidas con las personas que lo rodean y lo ubica como un excelente jugador y líder en equipo. La compasión es un regalo que el mundo necesita; ver a alguien que pueda dárselo fácilmente es otro regalo. ¡Ya es un plus! Su trabajo es demostrar cuánto vale ejerciendo sus habilidades correctamente. Al hacer esto, puede construir vínculos fuertes, ayudar con consejos, ofrecer ayuda a otros e incluso aprender más sobre usted mismo y los demás y la mente humana en general. Hay satisfacción al ofrecer ayuda, cuidado, amor, orientación o una forma u otra de apoyo cuando las personas lo necesitan. Una forma clave de maximizar este poder es tomarse en serio el cuidado personal y no descuidar el propio cuidado personal al sentirse abrumado por el manejo de los problemas de otras personas. El rasgo de sensibilidad lo ayuda a comprender más a las personas y a relacionarse mejor con ellas.

8. Tendencia a convertirse en un buen líder y padre: La capacidad de pensar rápido, observar, preocuparse por los demás, pensar bien y pensar creativamente, todo hecho en una sola persona, es una cualidad enorme. Puede tomar decisiones considerando lo que sentirán sus compañeros de trabajo, seguidores, estudiantes, niños, clientes o miembros del equipo. Solo unas pocas personas pueden hacer eso, pero su capacidad sensible lo respalda. Se trata de saber usarlo de manera efectiva. Su naturaleza sensible viene con desventajas que pueden interferir en su vida e incluso pueden causarle una mala racha. Recuerde, está asumiendo muchas emociones. Saber cómo equilibrar las cosas le evitará sentirse abrumado. ¿A qué me refiero con desventajas? En un caso en el que lidere a un grupo de personas en un proyecto en particular, puede haber alguien en ese equipo que parezca querer aprovechar su sensibilidad en cada oportunidad que tenga. Constantemente pone falsas excusas para saltarse el trabajo y las obligaciones porque sabe que usted es sensible y es más probable que le crea. También saben que usted se sentirá preocupado, mostrará preocupación y permitirá su ausencia del trabajo y se aprovechará. ¿Qué hace en tal caso? La misma sensibilidad que lo hace sentir preocupado por las personas es la misma sensibilidad que lo ayudará a descubrir si alguien es genuino o no. Solo debe prestar atención y equilibrar la sensibilidad y la racionalidad para lograr los mejores resultados. Sea empático, pero dese una voz también.

9. ¿Cómo su sensibilidad lo convierte en un buen líder?: Usted es emocionalmente inteligente. No se debe subestimar la capacidad de leer la mente y las emociones de los demás. Invariablemente, no se atreven a ser subestimados. Puede ver y comprender qué o cómo se sienten las personas y saber lo que piensan incluso antes de preguntar o hacer que digan lo que piensan. Un líder, socio, padre o miembro del equipo emocionalmente inteligente se ganará la confianza, el apoyo y la seguridad de los demás. Las personas a las que dirija entenderán que usted les muestra cariño y preocupación y que entenderá cuando se acerquen a usted con sugerencias, comentarios, preocupaciones, miedos o cualquier cosa que pueda desarrollarse en su relación con ellos. Pueden abrirse más a usted y conseguir su conmiseración, felicitaciones, solidaridad, acuerdo o corrección. Construirá una relación de puertas abiertas y llena de confianza, y esa es una forma saludable de avanzar para cualquier relación que desee. Cuando las cosas van mal, pueden ayudarlo a evaluar situaciones. Pueden hablar libremente con usted, corresponder su preocupación también y trabajar de manera aún más efectiva y eficiente. Como persona hipersensible, puede notar, cuidar, sentir, comprender, interpretar y crear a partir de estos activos. Es poderoso y puede usar ese poder para hacer que sucedan grandes cosas que la gente apreciará y quedarán impresionados.

Los poderes que lo colocan como más valioso que otros son:

• Capacidad para observar hasta el más mínimo detalle

• Inteligencia emocional

• Grandes habilidades de comunicación

• Habilidades de resolución de problemas (creatividad)

Todas las ventajas mencionadas anteriormente no son bonificaciones puramente refinadas que vienen con la hipersensibilidad; más bien, debe construirlas. Necesitará forjarlas. Usted tiene ese poder, pero debe aprender a usarlo. Al aprovechar sus poderes ocultos, también debe tener en cuenta que debe haber un equilibrio, para que no se lastime a sí mismo ni a los demás ni se sienta abrumado. Prepárese mental y emocionalmente para arreglos improvisados o circunstancias inesperadas, para que no lo pillen desprevenido y tenga que hacer que sus habilidades sean irrelevantes. Encontrar un equilibrio le ayudará a superar las desventajas que conlleva este poder. Vea su sensibilidad en cuanto a lo que es: su mayor poder. La sensibilidad es solo un problema si lo abordamos con la mentalidad equivocada. Se trata de la cómo se mire. Reconocer, apreciar y usar el poder de la sensibilidad es lo que la convierte en un poder.

Capítulo 12: La contribución de las PAS

¿Por qué son tan importantes en el mundo?

Las PAS tienen innumerables contribuciones que agregar dentro y fuera de la sociedad en la que se encuentran. Las PAS son alrededor del 15-20 % de la población mundial. No es de extrañar que varias personas no entiendan lo que se necesita para ser altamente sensible, ni entienden por qué las personas hipersensibles están configuradas de esa manera o incluso lo que significa ser muy sensible. Otros confunden el rasgo de sensibilidad con una especie de debilidad o insuficiencia. Mientras tanto, la ironía es que las personas hipersensibles son las que más ayudan a las personas no hipersensibles. La hipersensibilidad es un rasgo de personalidad único, y los demás deben comprender que la sensibilidad no es una debilidad. Debe pensarse como una fortaleza. Cuando otras personas comprenden, reconocen y aceptan, pueden manejar adecuadamente los rasgos para lograr los mejores resultados. Saber que la hipersensibilidad es un rasgo poderoso no es suficiente para tener un impacto. Usarlo bien es lo que causa el impacto. Sin embargo, ¿cuáles son las contribuciones que debe hacer? Para tener una idea completa de eso, hagamos un autoexamen rápido.

1. ¿Lo han catalogado en algún momento como débil por ser sensible? Más tarde, ¿su sensibilidad le ha hecho ofrecer ayuda a esa misma persona que te llamó débil?

2. ¿Ha podido ofrecer ayuda, consejo, consuelo, preocupación o apoyo de cualquier tipo a alguien simplemente siendo emocionalmente inteligente y sintiendo que algo andaba mal y ofreciéndose a ayudar?

3. ¿Ha podido ayudar a alguien a ser más abierto con sus emociones o darse cuenta de quiénes son simplemente con preocuparse, escuchar y ser empático?

4. ¿Ha creado usted, a través de su hipersensibilidad, una obra maestra (obra de arte) simplemente entretejiendo sus sentimientos y observaciones en una expresión asombrosa?

5. ¿Alguna vez ha sido capaz de sentir cosas tan profunda e intensamente que consigue ayudar a las personas en su camino simplemente prestando atención?

Hay multitud de preguntas y multitud de respuestas que examinar, pero como el objetivo es aclarar un punto, profundicemos en "la contribución de la persona altamente sensible".

Algo se mencionó acerca de que las personas hipersensibles son las que ayudan a quienes no son hipersensibles. Contrariamente al mito de que son demasiado emocionales y débiles y, por lo tanto, necesitan ayuda. ¿Cómo es que pueden ofrecer ayuda? Experimentan estímulos emocionales a un ritmo mucho más rápido que las personas no sensibles. Puede sentir cosas que suceden o algo que está a punto de suceder desde la distancia. Cuando algo sucede, cuando se producen sonidos, cuando algo sale mal con alguien más, lo siente más profundo y más rápido, y esto hace que todos se pregunten cómo lo hace. Les ayuda a sentir lo que es el mundo a través de sus ojos y sentidos extrapoderosos. Cuando su amigo se mete en problemas y usted se pone nervioso y emocional, la gente se pregunta por qué siente las emociones con más intensidad que los demás. La respuesta simple a estas preguntas es que siente que se preocupa y ayuda. Las personas hipersensibles están programadas para ser más emocionales, afectuosas y preocupadas por los demás, incluso más que por ellas mismas. Están profundamente preocupados por su medio ambiente, la naturaleza y todo lo que se une para formar este mundo. Por lo tanto, usted, como PAS, descubrirá que constantemente desea expresarse. Buscar, escribir, pintar, ayudar y estos elementos combinados para influir en su crecimiento como individuo porque hay satisfacción en la expresión, y eso incluye OFRECER UNA MANO o HACER ALGO ESPECIAL.

Eche un vistazo a la mayoría de las personas que resultan ser:

1. Psicólogos

2. Docentes

3. Consejeros profesionales

4. Creativos (escritores y artistas)

5. Padres geniales

Adivine... ¡Son PAS! Porque se conectan con el mundo en un nivel más íntimo y buscan fervientemente un medio para dar a conocer sus hallazgos a partir de su conexión con el mundo. Entienden cómo se siente la mente humana porque han estado atrapados allí muchas veces. Ha nadado hasta las orillas desde lo más profundo de su mente cuando cayó en una fase de intensa emoción. Sabe lo que se siente por haber estado allí, además tiene una súper habilidad para relacionarse con los demás y comprenderlos. Una combinación de estos dos da como resultado que usted lea a las personas, las comprenda e incluso las guíe en tiempos difíciles.

Las personas altamente sensibles son excelentes maestros debido a su naturaleza empática y su capacidad para conectarse y relacionarse con los demás. Los consejeros también suelen ser PAS porque, al igual que usted, se han ocupado de diferentes fases de sus vidas (especialmente durante la fase de la vida en la que malinterpretaron lo que significaba su sensibilidad). A través de ciertas fases de prueba, saben lo que se siente estar perdido, triste, deprimido y confundido. Ellos también necesitaron una guía y la encontraron.

La sensibilidad enciende la creatividad, despierta sus sentidos a la realidad de la vida e incluso a la fantasía de la vida. Despierta la imaginación y el afán de crear. Las emociones más intensas despiertan sus sentidos para crear algo y encienden aún más su pasión por expresarse desde la conciencia. A partir de esto, no solo está creando simplemente para crear, sino también para crear un gran trabajo.

¿Por qué son grandes padres? Tienen empatía, inteligencia emocional, buenas habilidades de liderazgo y la capacidad de conectarse con otros humanos de manera intensa. Todas las características que los caracterizan son invariablemente lo que los convierte en grandes padres. Los pocos puntos enumerados anteriormente arrojan luz sobre cuánto valor tiene para contribuir al mundo en general, no solo por ahora, sino de generación en generación. Afectar vidas a través de la terapia, la crianza de los hijos, la creatividad, el asesoramiento, el liderazgo, las relaciones y estar programado para ser un buen ser humano generalmente son contribuciones más que suficientes al mundo en que vivimos. Aún hay más:

- Servicio de voluntariado a la humanidad

- Vínculos

- Ayudar a las personas a ser más abiertas y enseñar a otros cómo conectarse con ellos mismos

Este capítulo abordó sutilmente lo que puede ofrecer como PAS. Abordó qué beneficios abundan en sus rasgos de sensibilidad, qué le ofrece la sensibilidad como persona creativa (como pintor, escritor, etc.) y cómo nota las cosas cuando todos los demás no pueden (en casa, en el lugar de trabajo y como un líder). Sabe cómo influir en las personas y abrirlas a su vulnerabilidad, enseñar a las personas cómo conectarse con sus corazones, mentes y sacar algo hermoso de todo esto, para uno y para el mundo, y cómo esto equivale a grandes contribuciones.

Vivimos en un mundo que es duro e implacable, con mucha "falta de amor". Es una de esas pocas personas con amor para todos. Esta cualidad hace que los padres sean ideales, y en un mundo donde la paternidad es cada vez más desafiante, las PAS son padres buenos y considerados, ya que pueden conectarse mentalmente con sus hijos y colmarlos de amor incondicionalmente. Como persona altamente sensible, es probable que la paternidad y la orientación sean su fuerte, y el mundo depende de personas como usted para crear un lugar más compasivo y comprensivo.

Habiendo señalado las ventajas y ventajas que tienen, es pertinente examinar los muchos desafíos que enfrentan en un mundo lleno de personas que no comprenden la sensibilidad. Entre estos desafíos se incluyen:

1. Ser un llanero solitario en un mundo complejo: Caminar solo lo ayuda a interiorizar los acontecimientos de su entorno y a pensar y formular nuevas ideas. Sobre todo, sabe cómo generar inspiración y disfrutar de la intensidad de la vida. Esto es lo que les ofrece el rasgo de la sensibilidad. Lamentablemente, la sociedad y sus ideologías muestran a la sensibilidad como una debilidad y los demás no siempre reconocerán su valor. La dificultad para comprender cómo tratar, comprender o relacionarse con las PAS se ha convertido en un gran problema.

Por tanto, debido a que algunas personas no los entienden, los dejan a un lado. A veces incluso los hacen sentir menos importantes, débiles o les cuestionan: "¿Por qué eres así?". El individuo sensible podría entonces acostumbrarse a ser un solitario, aunque puede ser bueno para disfrutar de la intensidad de la vida, explorar solo y crear y encontrar nuevas ideas. Esto los hace sentirse incómodos y aislados socialmente. Si no se tiene cuidado, es posible que se vuelvan solitarios durante toda su vida y, finalmente, se depriman o se sientan fuera de la sociedad.

2. Falta de comprensión: Si a todas las PAS se les preguntara "¿Qué desearías que fuera diferente acerca de cómo te trataron cuando eras más joven?". Mostrar sensibilidad ante la difícil situación de las personas altamente sensibles le ayudará a usted, y a otros, a comprenderlos mejor y tratarlos mejor. Considere lo que sienten e inclúyalos en los procesos de toma de decisiones. Necesitamos personas más bondadosas y sensibles en este mundo, no más personas que vean la sensibilidad como algo anormal e insignificante.

3. Las miradas de sorpresa: Como PAS en un mundo dominado por personas insensibles, automáticamente tiene la tarea de minimizar sus reacciones a las cosas que las personas insensibles perciben como normales. Su reacción a muchos de estos escenarios puede provocar una mirada interrogante de quienes lo rodean, y eso puede provocar una situación incómoda. Debe enfrentar esto; prepárese para miradas de sorpresa cuando reacciona de manera diferente a ciertas cosas. Es la debilidad del espectador, no *la suya.*

4. Ser catalogado como antisocial o aburrido: Las PAS naturalmente evitan muchas situaciones debido a su sistema de respuesta altamente estimulado, siendo catalogadas como antisociales debido a su preferencia por los momentos en soledad. Cuando una PAS está rodeada de familiares y amigos, este rasgo se magnifica aún más. Recuerde, esos momentos tranquilos son importantes para usted y su salud.

5. Puede sentirse curioso: Debido a su naturaleza altamente sensible, a menudo conoce los pensamientos, sentimientos y estados de ánimo de las personas. Su naturaleza amistosa y cariñosa puede hacer que haga preguntas con la esperanza de ayudar a la persona a aliviar sus problemas. Aunque puede leer las expresiones incorrectamente, sus preguntas y curiosidad sobre lo que está mal con un amigo pueden verse como entrometidas. Le resulta difícil dejar de lado sus pensamientos sobre los sentimientos de las personas perplejas o con problemas, y cada vez que intenta evitarlo, lo más probable es que su conciencia lo persiga y lo impulse a regresar para asegurarse de que esa persona esté bien.

A menudo, las PAS son objeto de consejos sobre relaciones o consejos de vida en general porque otros acuden a ellos en busca de ayuda sobre sus vidas. Sin embargo, cuando llega el momento de que una PAS se enfrente a sus demonios, parece que no hay nadie alrededor. Puede escuchar los problemas de otras personas, pero nunca debe olvidar que también tiene los suyos propios.

En una nota final, merece ser respetado. Tiene su posición y siempre contribuye con su intelecto e ideas innovadoras para desarrollarse dentro de cualquier situación en la que se encuentre. Su perfil tranquilo y apacible no suele llamar la atención. Más bien, se les detecta cuando contribuyen con ideas o cuando resuelven un problema general, pero luego se puede revelar que su distancia de la situación fue por un muy buen propósito.

Hable cuando se tomen decisiones *por* usted que no incluya sus intereses. Puede estar cayendo en manos de matones y manipuladores.

Su alta sensibilidad es sin duda una bendición; aun así, recuerde que la mayoría de las cosas grandiosas no son fáciles. Hacer frente a los matones y estas condiciones es un desafío, pero también la forma de asegurar su posición y el respeto que la acompaña.

No todo el mundo entenderá su personalidad o por qué parece indeciso sobre las cosas. Todos piensan de manera diferente. Una vez que haya tomado su decisión, o incluso una sugerencia, avance con valentía y apóyela. Si constantemente se muestra débil (o silencioso), la gente ya no buscará sus opiniones. Cuando usted *decida hablar*, espere el respeto que merece.

Conclusión

Las PAS tienen mucho que ganar y dar a su entorno mientras mantienen un estilo de vida sano. Habiendo considerado los diversos rasgos comunes y los posibles sentimientos que experimenta como persona altamente sensible (así como las nuevas formas de reaccionar a las situaciones que crea), está preparado para establecer un "nuevo yo" que se relacione mejor con personas que le rodean y perciba las situaciones de una manera saludable, libre de pensar demasiado y otros hábitos que agotan la mente.

Considere y reconsidere los conocimientos proporcionados aquí, que abarcan varios aspectos de la vida humana, como las mascotas, la naturaleza, la crianza de los hijos y los niños.

Ahora que comprende mejor a las PAS y cómo las perciben los demás, puede ajustar su comportamiento y reacciones, sabiendo que de hecho es una persona especial con mucho que ofrecer a quienes conoce. Además, tenga la seguridad de que sus conocimientos y sensibilidades son una bendición, no una maldición. ¡Utilícelas sabiamente!

Vea más libros escritos por Mari Silva

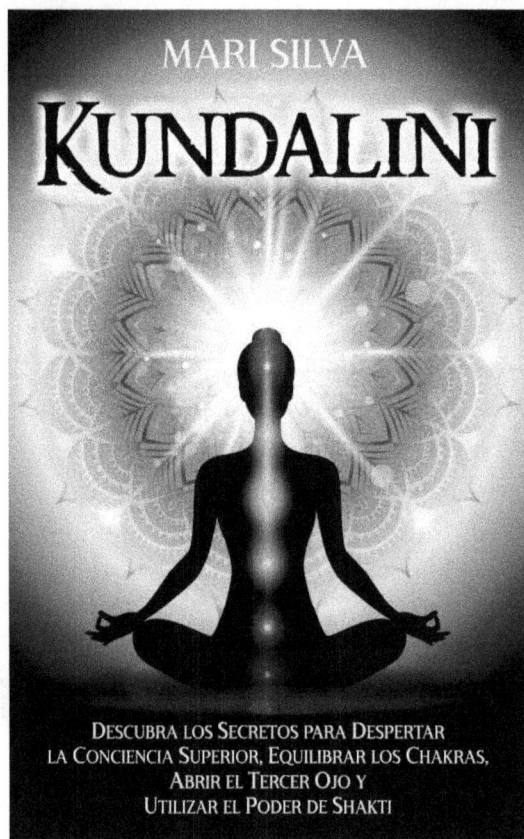

Referencias

10 Life-Changing Tips for Highly Sensitive People. (23 de julio de 2015). Marc and Angel Hack Life. https://www.marcandangel.com/2015/07/22/10-life-changing-tips-for-highly-sensitive-people/

Best Careers for Introverts, HSPs, and Other Sensitive Souls | Val Nelson. (11 de abril de 2018). Valnelson.com. https://valnelson.com/introvert-power/best-careers-for-introverts-hsps-and-other-sensitive-souls/

Brooks, H. (29 de junio de 2020). *19 Ways Being a Highly Sensitive Person Affects Your Love Life.* IntrovertDear.com. https://introvertdear.com/news/highly-sensitive-person-relationships-affects/

Elaine. (25 de febrero de 2016). *Suicide and High Sensitivity – The Highly Sensitive Person.* Hsperson.com. https://hsperson.com/suicide-and-high-sensitivity/

Highly Sensitive People Can Change The World — If We Let Them. (6 de agosto de 2015). The Odyssey Online. https://www.theodysseyonline.com/highly-sensitive-people-change-world

How Highly Sensitive People Can Change the World for the Better. (12 de julio de 2016). My Libertarian Lifestyle. https://mylibertarianlifestyle.wordpress.com/2016/07/12/how-highly-sensitive-people-can-change-the-world-for-the-better/

How to Help Highly Sensitive Employees Thrive. (8 de diciembre de 2015). The Good Men Project. https://goodmenproject.com/featured-content/how-to-help-highly-sensitive-employees-thrive-dsh/

Is Your Child Highly Sensitive? – The Highly Sensitive Person. (sin fecha) Hsperson.com. Obtenido de https://hsperson.com/test/highly-sensitive-child-test/

26 de enero, dancingmoonlavendar, & Pm, 2017 a las 11:13. (11 de abril de 2016). *Empath Or Highly Sensitive: Which One Do You Think You Are?* Mind Journal. https://themindsjournal.com/are-you-an-empath-or-hsp/

jenngranneman. (13 de diciembre de 2019). *21 Signs You're a Highly Sensitive Person.* Highly Sensitive Refuge. https://highlysensitiverefuge.com/highly-sensitive-person-signs/

Mayo. 31, S. A. |, & 2020. (31 de mayo de 2020). *The 10 Best Dogs for Highly Sensitive People.* PureWow. https://www.purewow.com/wellness/dogs-for-highly-sensitive-people

Psychology Today Canada: Health, Help, Happiness + Find a Therapist CA. (2019). Psychology Today. https://www.psychologytoday.com

Renzi, M. N. (7 de agosto de 2017). *8 Special Superpowers of Highly Sensitive People.* Melissa Noel Renzi. https://melissanoelrenzi.com/highly-sensitive-people-superpowers/

Romantic Relationships with a Highly Sensitive Person (HSP). (4 de noviembre de 2016). Exploring Your Mind. https://exploringyourmind.com/romantic-relationships-highly-sensitive-person-hsp/

Schwanke, C. (sin fecha). *Careers for Highly Sensitive People*. LoveToKnow. Obtenido de https://jobs.lovetoknow.com/careers-highly-sensitive-people

Tanaaz. (22 de mayo de 2015). *Are You An Empath or Just Highly Sensitive?* Forever Conscious. https://foreverconscious.com/are-you-an-empath-or-just-highly-sensitive

The 5 greatest tips for highly sensitive people to thrive in life. (sin fecha) Hisensitives.com. Obtenido de https://hisensitives.com/blog/the-5-greatest-tips-for-highly-sensitive-people-to-thrive-in-life/

The 7 Best Careers for a Highly Sensitive Person. (8 de agosto de 2018) Highly Sensitive Refuge. https://highlysensitiverefuge.com/highly-sensitive-person-careers/

The Difference between HSP, Empath, & Clairsentient. (19 de octubre de 2016). Jennifer Soldner. http://www.jennifersoldner.com/2016/10/hsp-empath-or-clairsentient.html

The Differences Between Highly Sensitive People and Empaths. (sin fecha) Psychology Today. Obtenido de https://www.psychologytoday.com/us/blog/the-empaths-survival-guide/201706/the-differences-between-highly-sensitive-people-and-empaths

THE PROS AND CONS OF BEING HIGHLY SENSITIVE. (22 de octubre de 2015). The Daily Guru. https://www.thedailyguru.com/being-highly-sensitive/

The Special Connection Between Highly Sensitive Kids and Pets. (2 de enero de 2019). Highly Sensitive Refuge. https://highlysensitiverefuge.com/highly-sensitive-children-pets/

Understanding highly sensitive children. (sin fecha) Focus on the Family. Obtenido de https://www.focusonthefamily.ca/content/understanding-highly-sensitive-children

Zinc Deficiency And The Highly Sensitive Person. (3 de abril de 2017). Journey Thru Wellness. http://journeythruwellness.com/zinc-deficiency-highly-sensitive-person/

11 Tipos de empáticos - ¿Qué tipo de empático soy? (2019, 6 de diciembre). Sitio web de Insight: https://www.insightstate.com/spirituality/types-of-empaths/

Allie (2012, 9 de octubre). ¿Es la empatía una debilidad? Sitio web de Allie Creative: http://alliecreative.com/2012/is-empathy-a-weakness/

Brallier, S. (2020, 30 de enero). ¿Cuáles son los pros y los contras de ser un empático? Sitio web de Learn Religions

Amanda, B. (2020, 30 de junio). Las 8 principales desventajas de ser un empático. Sitio web de Exemplore

Burn, S. (2019, 19 de junio). ¿Es la empatía su mayor fortaleza y su mayor debilidad? Sitio web de Psychology Today

Flaker, A. (2016, 9 de febrero). 5 Dolorosas trampas de ser un empático. Sitio web de Chakra Center: https://chakracenter.org/2016/02/09/5-painful-pitfalls-of-being-an-empath/

Gourley, C. (2020). ASCENSIÓN, LA NUEVA TIERRA Y EL PAPEL DEL EMPÁTICO [Vídeo de YouTube]. https://www.youtube.com/watch?v=jbGDmSyA-Ks

Heights, A. (2016, 5 de octubre). Las trampas de la ira para el empático. Sitio web psychicbloggers.com

Hurd, S. (2018, 22 de junio). La verdad sobre los empáticos y las relaciones sobre las que nadie habla. Sitio web de Life Advance: https://www.lifeadvancer.com/truth-empaths-and-relationships/

Cómo afecta la luna llena a su energía y emociones como empático – True Empath. (Sin fecha). https://www.trueempath.com/full-moon-and-empaths/

Judith, O. (Sin fecha). Los 10 rasgos que comparten las personas empáticas. Sitio web de Psychology Today

Markowitz, D. (2017, 28 de octubre). La mejor dieta para empáticos y personas altamente sensibles. Sitio web Self-Care for the Self-Aware: https://www.davemarkowitz.com/blog.php?article=Diet-for-Empaths-and-Highly-Sensitive-Persons_36

Michaela. (2017, 13 de marzo). ¿LA MEJOR DIETA PARA LOS INTROVERTIDOS? Sorprendentes vínculos entre la personalidad y la alimentación. Página web de Introvert Spring: https://introvertspring.com/best-introvert-diet/

Michaela. (2019, 6 de agosto). Cómo crear un hogar amigable para los empáticos. Página web de Introvert Spring: https://introvertspring.com/how-to-create-an-empath-friendly-home/

Orloff, J. (2017, 20 de abril). El poder de ser un empático en la tierra. Sitio web de Elephant Journal: https://www.elephantjournal.com/2017/04/the-power-of-being-an-earth-empath/

Orloff, J. (2019, 19 de marzo). ¿Es usted un empático alimenticio? 6 Estrategias para superar las adicciones a la comida y comer en exceso. Sitio web de Elephant Journal:

https://www.elephantjournal.com/2019/03/are-you-a-food-empath-6-strategies-to-overcome-food-addictions-overeating-judith-orloff/

Orloff, J. (2017, 3 de junio). Las diferencias entre los empáticos y las personas altamente sensibles. Sitio web de Judith Orloff MD: https://drjudithorloff.com/the-difference-between-empaths-and-highly-sensitive-people/

Robertson, R. (2016, 17 de marzo). La fuerza de la empatía. Sitio web de Key Person of Influence: http://www.keypersonofinfluence.com/the-strength-of-empathy/

Rodriguez, D. (2009, 20 de mayo). Cómo llevar una vida equilibrada. Sitio web EverydayHealth.com

Sinclair, G. (2017, 3 de noviembre). 8 Fortalezas no contadas que tienen todos los empáticos. Sitio web de Awareness Act: https://awarenessact.com/8-untold-strengths-all-empath-have/

Los 10 grandes beneficios de ser un empático. (2019, 12 de junio). Sitio web de In5D: https://in5d.com/10-empath-benefits/

Las diferencias entre los empáticos y las personas altamente sensibles. (2017, 3 de junio). Página web de Judith Orloff MD: https://drjudithorloff.com/the-difference-between-empaths-and-highly-sensitive-people/

Así afectan los desastres naturales a los empáticos | Todos los secretos. (2017, 25 de septiembre). Sitio web wholesecrets.com: https://wholesecrets.com/this-is-how-empaths-are-affected-by-natural-disasters/

¿Cuáles son los puntos fuertes de un empático? - Quora. (Sin fecha).

¿Qué es un empático? 15 Señales y rasgos. (2019, 25 de noviembre). Sitio web de Healthline:

https://www.healthline.com/health/what-is-an-empath#deep-caring

Winter, C. (2018, 20 de febrero). 6 Razones por las que los empáticos pueden luchar con su peso. Sitio web de A Conscious Rethink: https://www.aconsciousrethink.com/7314/6-reasons-empaths-particularly-prone-weight-issues/

Winter, C. (2018, 10 de diciembre). 9 Razones por las que los empáticos aman tanto la naturaleza. Sitio web de A Conscious Rethink: https://www.aconsciousrethink.com/9412/empaths-in-nature/

Wolfe, D. (2016, 27 de abril). ¿Es usted un empático? ¡ESTE es el tipo de relación que quieres tener! Sitio web de David Avocado Wolfe: https://www.davidwolfe.com/empath-relationship-want-to-be-in/

Wong, A. (2008, agosto). Tener un estilo de vida equilibrado. Sitio web de wikiHow

Van Kimmenade, C. (2014, 22 de julio). 7 Fases para convertirse en un empático experto. Sitio web de The Happy Sensitive: https://thehappysensitive.com/7-phases-of-becoming-skilled-empath/

Valentine, M. (2018, 18 de abril). Estos son los mayores pros y contras de ser un empático. Sitio web de Goalcast: https://www.goalcast.com/2018/04/18/pros-cons-being-an-empath/

Victor Hansen, M. (2011, 3 de febrero). Cómo crear una vida equilibrada: 9 consejos para sentirse tranquilo y con los pies en la tierra. Sitio web de Tiny Buddha: https://tinybuddha.com/blog/9-tips-to-create-a-balanced-life/